THILO JACOBS

Endlich PAPA! Und jetzt?

DAS ERSTE JAHR NACH DER GEBURT

365 Tipps & Tricks

für den Vater und die Familie

Inhalt

365 Tipps & Tricks für das erste Jahr als Papa und Familie nach der Geburt

Sie werden Vater oder sind es bereits? Herzlichen Glückwunsch! Das ist so ziemlich das Aufregendste, was einem Mann passieren kann. Sicherlich werden Sie sich wahnsinnig freuen über diese Neuigkeit – auf der einen Seite. Auf der anderen Seite ist da natürlich immer auch ein bisschen Unsicherheit und Sorge, was da wohl auf einen zukommt. Wirklich perfekt vorbereitet auf die Aufgabe als Eltern ist man übrigens nie. Und keiner, wirklich keiner, kann einem vorher genau sagen, was da auf einen zukommt.

Fakt ist aber: Es ist eine unglaublich tolle Zeit, die auf Sie wartet! Ihr Leben wird sich nach der Geburt gehörig auf den Kopf stellen. Eins ist sicher: Alles wird anders, das meiste besser und zugegebenermaßen werden ein paar Dinge natürlich auch schlechter. Ein Leben mit Kind läuft einfach vollkommen anders ab als eine kinderlose Partnerschaft. Aber ist das Baby erst einmal da, wird es um Sie geschehen sein – versprochen! Der kleine Zwerg wird Ihr Herz im Sturm erobern und alle Ängste und Sorgen werden vergessen sein.

Apropos Ängste und Sorgen: Es ist ganz normal, dass Sie als werdender Vater sich Sorgen machen um die Zukunft. Werde ich der Aufgabe als Vater gerecht werden? Werde ich mein Kind ausreichend lieben können? Was wird aus der Partnerschaft mit meiner Frau? Werden wir noch ein Privatleben haben? Können wir das Ganze überhaupt finanziell stemmen? Werden wir der enormen Verantwortung gerecht? Geben wir mit Baby nicht unsere Freiheit komplett auf?

Ihnen wird mit Nachwuchs einiges abverlangt, das ist keine Frage. Aber Sie sind nicht der erste Vater auf der Welt, der diese Aufgabe stemmen muss. Ein Baby zu bekommen ist die normalste Sache der Welt, auch wenn es junge Eltern sehr oft an den Rand des Machbaren bringt. Sie werden viele Nerven brauchen, Sie werden die eine oder andere schlaflose Nacht haben. Sie werden lachen, lieben, dahinschmelzen, verzweifeln und manchmal würden Sie alles am liebsten hinwerfen. Herzlichen Glückwunsch: Das ist als frischgebackener Papa völlig normal.

Endlich Papa! – und jetzt? Was kommt eigentlich auf mich zu?

Mit diesem Ratgeber sollen Ihnen die Ängste, die Väter am Anfang dieses großen Abenteuers zweifellos haben, genommen werden. Der Ratgeber bietet Antworten auf die wichtigsten Fragen rund um das Baby und die erste Zeit als Familie. Sie sollen nur als Anregung dienen, denn ein Patentrezept gibt es mit Baby natürlich nicht. Jedes Baby ist anders, jede Mutter und jeder Vater ist anders und was beim einen prima funktioniert, kann beim anderen ein Flop sein.

Gut gemeinte Ratschläge gibt es zum Thema Elternsein zuhauf. Wichtig ist, dass Sie offen bleiben für alles und individuell Ihren Weg herausfinden, der zu Ihnen und zu Ihrem Nachwuchs am besten passt. Es gibt keinen Fahrplan und keine Anleitung zum Elternsein, aber mit dem richtigen Tipp kann sich ein vermeintliches Problem ganz schnell in Luft auflösen.

Seien Sie also gespannt auf all das, was Sie in den nächsten Jahren erwartet! In diesem Ratgeber bekommen Sie ganze 365 Tipps an die Hand, die Ihnen die wichtigsten Fragen als frischgebackener Vater beantworten. Mit unseren Tipps sind Sie gut gerüstet – verstehen Sie diese aber bitte immer nur als Anregung, nie als Muss. Eltern sind genauso individuell wie ihre Kinder, es gibt also niemals ein Schema F, was für alle passt.

In diesem Buch werden Sie immer mal wieder auf QR-Codes stoßen. Warum? Um Ihnen mit unserem Buch einen größeren Mehrwert bieten zu können, haben wir uns dazu entschlossen, zusätzlich zum Text noch weiteres Material mit einzubinden. Zum Abrufen dieser Materialien können Sie die QR-Codes schnell und unkompliziert mit Ihrem Handy oder Smartphone scannen. Und so gehts: Sie öffnen einfach auf Ihrem Smartphone oder Ihrem Tablet die Kamera-App und richten diese auf den QR-Code. Wenn Sie eine gute Internetverbindung haben, öffnet sich das Zusatzmaterial ganz automatisch. Falls die Kamera-App auf Ihrem Smartphone die Funktion zum QR-Code scannen nicht hat, können Sie den Code alternativ auch mit einer QR-Scanner-App öffnen.

Wir wünschen Ihnen viel Freude mit dem Buch!

Die ersten Stunden: zehn Tipps für die erste Zeit nach der Geburt

Auch wenn es Ihnen am Anfang der Schwangerschaft noch als halbe Ewigkeit erscheinen mag: Die 40 Wochen bis zur Entbindung gehen schneller vorbei, als es einem lieb ist. Und ist der kleine Mensch dann da, sind alle Ängste und Sorgen wie weggeblasen. Das kleine, zarte Wesen, das sich mehr oder weniger schwer ans Licht gekämpft hat, ist nun geboren und Sie werden bis über beiden Ohren verliebt sein. Mal abgesehen von der rosa Brille, die Sie jetzt tragen: Was muss erledigt werden, worauf ist zu achten in diesen ersten Tagen nach der Geburt?

Voilà: Ihr Baby ist da!

Das Neugeborene erscheint zart und zerbrechlich. Sie werden unendlich stolz darauf sein, neues Leben erschaffen zu haben. Ist es nicht zauberhaft?

1. Erleichtern Sie Ihrem Baby den Einstieg

Bedenken Sie: Für ein Ungeborenes ist die Geburt wie ein kleiner Schock. Es wechselt von der Gebärmutter, in der es sicher und geborgen, abgeschirmt von Geräuschen und warm war, in eine laute, grelle und kalte Welt. Daran muss man sich erst mal gewöhnen! Versuchen Sie also, Ihr Neugeborenes von den Reizen, die auf es einstürmen, fernzuhalten. Ein Neugeborenes braucht in den ersten Stunden vor allem eins: Hautkontakt zu seiner Mutter oder zu Ihnen. Und danach braucht es irgendwann auch Nahrung und muss gestillt werden.

2. Die Sache mit dem Stillen

Was das Stillen anbetrifft: Aller Anfang ist schwer. Sicherlich ist eine Hebamme oder eine Kinderkrankenschwester verfügbar, die Ihrer Frau dabei hilft, das Neugeborene anzulegen. Es wird wahrscheinlich in den ersten Stunden noch nicht wirklich viel Muttermilch zu sich nehmen, aber der Saugreiz ist bereits vorhanden und es ist wichtig, das Baby immer wieder anzulegen, damit der Milchspendereflex einsetzt. Stillen ist das Natürlichste der Welt, dennoch klappt es bei den wenigsten Müttern gleich auf Anhieb. Aber mit viel Geduld und Ruhe sind die ersten Hürden bald gemeistert und Ihr Baby wird wissen, wie die Sache mit dem Stillen funktioniert.

3. Zeit für Babywatching

Gönnen Sie sich die Zeit und beobachten Sie Ihr Baby ruhig stundenlang. Es ist ein unglaublich faszinierender Anblick – endlich ist Ihr Baby kein unbekanntes Wesen mehr, sondern Sie können es jetzt erst so richtig als kleine Persönlichkeit kennenlernen. Neugeborene „machen“ noch nicht viel – sie schneiden Grimassen, verziehen das Gesicht und es ist ein wundervolles Gefühl, dabei zuzuschauen. Nehmen Sie sich ausreichend Zeit, um sich gegenseitig kennenzulernen. Diese kostbare Zeit ganz am Anfang bringt Ihnen keiner mehr zurück – jetzt werden die Grundsteine gelegt für eine enge Eltern-Kind-Bindung.

4. Sie sind unsicher beim Handling mit Ihrem Baby

Sie sind unsicher, wie Sie das Baby richtig halten sollen, wie Sie die Windeln wechseln sollen, Sie haben Angst, es falsch zu halten – und das, obwohl Sie einen Säuglingspflegekurs besucht haben und dachten, Sie seien auf alles gut vorbereitet? Das ist ganz normal. Es ist ein deutlicher Unterschied, ob Sie im Kurs eine Puppe wickeln und in den Armen tragen oder Ihr eigenes Baby, welches gerade in den ersten Stunden noch sehr zerbrechlich scheint. Fragen Sie, wenn Sie unsicher sind, ruhig die Hebamme oder die Säuglingsschwester, und keine Sorge: Neugeborene sind längst nicht so zerbrechlich, wie sie aussehen.

5. Wie das Baby die Nahrungsquelle findet

Neugeborene sind in den ersten Stunden nach der Geburt übrigens erstaunlich wach und aufmerksam – für etwa zwei Stunden lang. Mittlerweile gehen die meisten Krankenhäuser und Geburtshäuser dazu über, das Neugeborene nicht direkt nach der Geburt zu untersuchen und zu wiegen, sondern dies erst etwas später zu machen. Am besten sollte das Baby nackt auf den Bauch der Mutter gelegt werden, damit es die Brustwarze finden kann und zu saugen beginnt. Ist Ihr Baby zum Termin geboren und bekommt es ausreichend Zeit, dann findet es normalerweise die Brustwarze nach 30 bis 80 Minuten von ganz allein.

Über die Mutter – eine echte Heldin

Ihre Partnerin hat jetzt eine äußerst anstrengende Phase hinter sich: die Geburt. Vermutlich waren Sie dabei und durften alles hautnah erleben. Dann ist Ihnen wohl auch klar, dass das alles kein Spaziergang war. Wie geht es Ihrer Frau jetzt?

6. Hormone, Hormone, Hormone

Die Hormone, die bei der Geburt reichlich ausgeschüttet werden, sorgen dafür, dass Ihre Partnerin jetzt wahrscheinlich einfach nur high ist. Sie wird überglücklich sein und stolz, endlich ihr Baby im Arm zu halten. Es kann aber natürlich auch sein – je nach Schwere der Geburt –, dass sie sich einfach nur ausruhen möchte. Die Gefühle, die jetzt auf sie einprasseln, sind unbeschreiblich. Der Stress und die Schmerzen der Geburt fallen ab und sind ruckzuck vergessen. Das Baby sorgt dafür, dass sich absolute Hochgefühle einstellen. Wenn möglich, bleiben Sie bei Ihrer Partnerin und genießen diese innigen ersten Momente gemeinsam.

7. Rooming-in – Baby dabei

In den meisten Krankenhäusern – und in Geburtshäusern sowieso – gibt es die Möglichkeit des Rooming-in. Babys werden nach der Entbindung nicht mehr ins Säuglingszimmer gebracht, es sei denn, irgendetwas muss medizinisch überwacht werden oder es gab Komplikationen. Ihre Frau kann Ihr Baby die ganze Zeit bei sich behalten, das fördert die Stillbeziehung und die Bindung. Sollte es sich um ein Frühchen handeln, ist Körperkontakt erst recht wichtig. Vielleicht gibt es ja eine Möglichkeit für Sie als Vater, vor Ort zu bleiben und Ihre neue kleine Familie ausgiebig zu genießen.

8. Körperliche Veränderungen

Der Körper der Frau macht in der Zeit direkt nach der Geburt einige Veränderungen durch. Da ist zum einen vielleicht der Dammriss oder -schnitt, er schmerzt, zum anderen muss der Kreislauf wieder in Gang gebracht werden und nicht zuletzt ist da auch noch die Brust, die meistens beim ersten Anlegen schmerzt. Auch der Milcheinschuss wird von manchen Frauen als schmerzhaft empfunden. Die Gebärmutter verkleinert sich, was sich manchmal in schmerzhaften Kontraktionen zeigt. Die Geburt war anstrengend und die erste Zeit danach ist es nicht weniger. Dafür sollten Sie alles Verständnis der Welt haben.

Tipps für den Papa, was nun in den ersten Stunden wichtig ist

Sie sind Vater! Jetzt fängt es an, das große Abenteuer. In den ersten Stunden nach der Geburt gibt es für Sie ein paar wichtige Aufgaben zu erledigen. Dabei handelt es sich allerdings vorwiegend um reine Formalitäten.

9. Elterngeld, Kindergeld und Mutterschaftsgeld

Für die Anträge auf Elterngeld, Kindergeld und Mutterschaftsgeld brauchen Sie die Geburtsurkunde. Diese können Sie womöglich schon direkt in der Klinik beantragen. Dann können Sie die Geburtsurkunde beim Standesamt des Geburtsortes abholen. Sie brauchen für die Abholung Ihren Ausweis und Ihre eigene Geburtsurkunde sowie das Familienbuch. Sind Sie unverheiratet, brauchen Sie noch eine Vaterschaftsanerkennung und eine gemeinsame Sorgerechtserklärung.

10. Was sonst noch zu erledigen ist

Jetzt ist es an der Zeit, einen Termin für die U2-Untersuchung beim Kinderarzt auszumachen. Außerdem sollten Sie Ihren Arbeitgeber über die Geburt des Kindes informieren und das Baby bei der Krankenversicherung anmelden. Sollte Ihr Baby bereits bei einer Krippe angemeldet sein, muss auch diese über die Geburt informiert werden. Zugegeben, das ist alles lästiger Schriftkram, muss aber zeitnah erledigt werden.

Das Wochenbett

Das Wochenbett umschreibt die ersten acht Wochen direkt nach der Einbindung. Die Bezeichnung Wochenbett kommt dabei nicht von ungefähr. Ihre Partnerin sollte sich schonen und darf, wenn ihr danach ist, ruhig diese Zeit vorwiegend mit ihrem Baby im Bett verbringen.

11. Wochenbettdepressionen

Was Sie auf jeden Fall wissen sollten: Im Wochenbett kann es zu den sogenannten Heultagen kommen. Damit wird umgangssprachlich die Wochenbettdepression beschrieben, die bei vielen Müttern nur wenige Tage nach der Geburt auftritt. Keine Sorge: Auch das ist normal. Durch die zahlreichen Vorgänge, die direkt nach der Geburt passieren und vor allem durch die extreme Hormonumstellung bekommen viele Frauen nach wenigen Tagen wie aus heiterem Himmel eine Stimmungslage, die alles durcheinanderwirbelt. Ein Trost: In den allermeisten Fällen vergeht das von alleine wieder. Gerade jetzt ist es für Ihre Frau wichtig, von Ihnen Zuspruch und Fürsorge, aber auch Verständnis zu erfahren.

12. Schonen der Mama

Was bedeutet eigentlich Wochenbett? Jetzt müssen Sie als Papa gut aufpassen: Die junge Mutter darf und soll sich in diesen ersten Wochen schonen, was bedeutet, dass Sie besonders gefordert sind. Unterstützen Sie Ihre Frau, wo es geht, nehmen Sie sich Zeit, nehmen Sie sich Urlaub. Scheuen Sie sich beide nicht, Rat von Ihrer Hebamme anzunehmen, und überfordern Sie sich nicht. Das Baby hat jetzt absoluten Vorrang, die acht Wochen Wochenbett sollte sich Ihre Frau schonen und auf keinen Fall überfordern. So lange braucht es, bis sich der Körper wieder einigermaßen erholt hat.

Die ersten Wochen daheim

Die ersten Wochen zu Hause sind das Aufregendste überhaupt. Die meisten Eltern haben diese Zeit rückblickend wohl als ziemlich chaotisch, aber auch überaus intensiv in Erinnerung. Viel zu schnell gehen die ersten Wochen vorbei und Ihr Nachwuchs wird vom Neugeborenen zum Baby.

13. Besuch erst nach einer Woche

Verständlich, dass Verwandtschaft und Freunde am liebsten unmittelbar nach der Geburt bei Ihnen aufkreuzen würden und das Baby sehen wollen. Nur: Überlegen Sie sich gut, ob Sie das auch wollen. Lassen Sie das am besten offen. Wenn Ihnen nach der Geburt danach ist, ist es okay, Besuch zu empfangen, wenn nicht, dann muss der Besuch eben warten. Das Baby hat Vorrang und zu viel Hektik am Anfang ist auf keinen Fall sinnvoll – schließlich soll der kleine Erdenbürger sich ja ganz langsam an die große, weite Welt gewöhnen. Geben Sie ihm unbedingt ausreichend Zeit dafür.

14. Neuer Rhythmus

Der neue Rhythmus wird Ihnen am Anfang zu schaffen machen. Tag und Nacht gibt es erst mal nicht mehr. Das ist sehr anstrengend, aber es geht vorbei. Mit Baby sind Sie rund um die Uhr gefordert – vor allem aber natürlich Ihre Frau, wenn sie stillt. Bei Letzterem können Sie sie freilich nicht unterstützen, aber Sie können Ihr das Baby durchaus auch mal abnehmen, tragen und wickeln, damit Ihre Partnerin ein paar Minuten für sich hat.

15. Keine überzogenen Ansprüche an sich selbst stellen

Viele Eltern stellen leider an sich selber viel zu große Ansprüche, wenn das Baby da ist. Man möchte alles richtig machen als junge Eltern – verständlich, aber was ist schon richtig? Wichtig ist, dass der kleine Erdenbürger sich wohlfühlt, dass er viel Liebe und Nähe zu spüren bekommt und dass Sie sich alle erst mal in Ruhe kennenlernen. Der Rest ergibt sich von alleine. Also: Sie sind eine junge Familie, was Sie jetzt nicht brauchen, ist übertriebener Perfektionismus oder zu hohe Ansprüche an sich, an den Haushalt, an Sie als Paar.

16. Hilfe der Hebamme in Anspruch nehmen

Wahrscheinlich haben Sie sich rechtzeitig vor der Geburt um eine Nachsorge-Hebamme gekümmert. Das ist wichtig, denn frischgebackene Eltern fühlen sich fast immer am Anfang mit der neuen Situation völlig überfordert. Gutgemeinte Ratschläge von allen Seiten gibt es zuhauf – die besten Ratschläge aber bekommen Sie von einer guten und einfühlsamen Hebamme. Sie hat jahrelange Erfahrung im Umgang mit Neugeborenen und hat alles schon mehrfach bei anderen Familien erlebt. Während der ersten zehn Tage nach der Entbindung kommt sie täglich vorbei, gibt Tipps, hilft beim Wickeln oder Baden und ist wichtiger Ansprechpartner beim Thema Stillen.

17. Haushalt Haushalt sein lassen

Was ist wichtiger: dass es Ihrem Baby gut geht und dass Sie sich kennenlernen oder dass Ihre Wohnung blitzblank ist? Die Antwort ergibt sich von selbst. Der Haushalt kann ruhig mal eine Zeitlang liegen bleiben. Baby hat Vorrang! Ihre Partnerin sollte sich schonen und wird zuerst einmal rund um die Uhr mit Stillen, Wickeln und Trösten beschäftigt sein. Da bleibt keine Zeit für Haushalts- und Putzaktionen. Stärken Sie Ihrer Frau den Rücken und nehmen Sie ihr alles, was möglich ist, ab. Wenn sich dann nach ein paar Tagen Besuch ankündigt: seien Sie gelassen, wenn es bei Ihnen nicht perfekt aufgeräumt ist. Und zum Essen kochen müssen Sie dem Besuch auch nichts.

18. Hilfe annehmen

Es ist eher umgekehrt: Nehmen Sie Hilfe von Ihrem Besuch an, wenn sie Ihnen angeboten wird. Und wenn es nur ein Berg Wäsche ist, die man für Sie wäscht, oder die frischgebackene Oma bringt etwas zum Essen für Sie mit, weil Sie gerade nicht zum Kochen kommen. Gerade jetzt dürfen Sie Hilfe ruhig annehmen – mit Neugeborenem kann man jede Art von Unterstützung gebrauchen und muss überhaupt kein schlechtes Gewissen haben, sich unter die Arme greifen zu lassen, wo Not am Mann ist.

19. Auf das Bauchgefühl hören

Man sollte es bei aller Fachliteratur nicht außer Acht lassen: das Bauchgefühl. Manchmal ist das nämlich viel besser als sämtliche graue Theorie. Bei vielen Generationen vor uns war es gang und gäbe, sich auf das Bauchgefühl zu verlassen. Leider rückt das heute viel zu oft in den Hintergrund. Dabei machen viele Eltern intuitiv oder vielleicht auch instinktiv in Bezug auf ihr Baby genau das Richtige, wenn man sie nur machen lässt. Also: Nur Mut! Trauen Sie sich und trauen Sie sich etwas zu.

Mama unterstützen

20. Hormone der Mama verstehen

Um zu verstehen, warum Ihre Partnerin so reagiert, wie sie reagiert, ist es wichtig zu wissen, woran es eigentlich liegt. Die Hormone sind an allem schuld? Ja genau: die Hormone. Tatsächlich spielen sie eine besonders große Rolle in der Zeit nach der Geburt. Das ist ja auch kein Wunder: Während der Schwangerschaft wird der weibliche Körper von Schwangerschaftshormonen gesteuert, deren Menge mit der Geburt rapide absinkt.

Und genau das ist dafür verantwortlich, dass sich zuerst das Glücksgefühl einstellt, danach dann aber oftmals Launigkeit oder die bereits beschriebenen Heulphasen. Ihre Frau kann also für ihre Stimmungsschwankungen tatsächlich rein gar nichts.

21. Regeneration der Mama

Ihre Partnerin muss sich jetzt nach der Geburt erholen – Stichwort Wochenbett. Daher sollte sie sich auf Schlafen, Ausruhen und Aktivitäten im Liegen oder Sitzen konzentrieren. Der Körper muss sich von den Strapazen und Anstrengungen erholen und macht diverse Veränderungen bei der Rückbildung durch. Kleine Verschnaufpausen sind also dringend notwendig. Nehmen Sie Ihrer Partnerin das Baby mal ab, damit sie verschnaufen oder ein Nickerchen machen kann, oder kochen Sie ihr einen Tee. Körperlich anstrengen sollten sich Frauen, die gerade erst entbunden haben, auf keinen Fall.

22. Mit Freunden treffen lassen

Die junge Mutter hat zuerst mal nur eines im Kopf: ihr Baby. Und dann kommt lange Zeit gar nichts. Dennoch tut eine kleine Auszeit immer gut. Wenn die ersten turbulenten Wochen vorbei sind, ist es eine gute Idee, vielleicht mal wieder mit der besten Freundin einen Kaffee trinken zu gehen oder eine Runde zu laufen. Sie als Vater können in der Zeit das Baby übernehmen – zum Beispiel zwischen zwei Stillmahlzeiten. Wenn Sie in der Nähe bleiben, sodass Mamas Brust verfügbar ist, falls Baby Hunger bekommt, lässt sich das sicher einrichten.

23. Urlaub nehmen!

Sie haben die Möglichkeit, in der ersten Zeit nach der Geburt Urlaub zu nehmen? Dann sollten Sie das tun. Nutzen Sie die freie Zeit, um Ihre Partnerin zu unterstützen, und, genauso wichtig: um Ihr Baby kennenzulernen. Es dürfen durchaus zwei oder drei Wochen sein, die Sie sich als Auszeit nehmen, denn ein Neugeborenes braucht Zeit, Nähe und Aufmerksamkeit. Diese erste Zeit ist durch nichts zu ersetzen. Falls es also irgendwie machbar ist: Nehmen Sie sich ein paar freie Tage.

24. Homeoffice, wenn möglich

Nicht jeder hat die Möglichkeit, im Homeoffice zu arbeiten. Wenn bei Ihnen aber die Möglichkeit besteht, sollten Sie sich überlegen, diese auch zu nutzen. Wenn Sie nach Ihrem Urlaub ein paar Tage oder Wochen im Homeoffice arbeiten, können Sie Ihre Frau vielleicht ganz nebenbei noch gut unterstützen und Sie haben allemal mehr von Ihrem Baby, als wenn Sie außer Haus sind. Sie sparen Zeit für An- und Abfahrt zur Arbeit und haben mehr wertvolle Zeit für Ihr Baby und Ihre Partnerin zur Verfügung.

25. Entschleunigung lautet das Zauberwort

Eins sollten Sie mit Baby definitiv vermeiden: Stress. Denn wenn Sie als Eltern gestresst sind, wird sich das auf das Baby auswirken. Deshalb gilt in den ersten Tagen und Wochen nach der Geburt: Entschleunigung! Die erste Zeit mit Baby ist spannend genug. Elternalltag ist wenig abwechslungsreich, das Baby fordert heraus. Es kann schnell dazu kommen, dass sich eine gewisse Monotonie einstellt. Genießen Sie diese Zeit! Diese ist nämlich ganz schnell wieder vorbei, wenn das Baby mobil wird und die Welt entdecken will. Monotonie muss nämlich nicht zwingend etwas Negatives sein.

26. Aufgabenteilung zwischen Mama und Papa

Der Babyalltag wird anstrengend werden und alles wird regelrecht auf den Kopf gestellt. Bis sich alles eingespielt hat, wird es eine Zeit lang dauern. Wie Sie beide den Alltag meistern wollen, hängt das sehr davon ab, ob Sie auch Elternzeit nehmen oder nicht, wie viel Unterstützung von den Großeltern kommt und wie Sie den Alltag strukturieren wollen. Es kann aber immer von Vorteil sein, wenn Sie gemeinsam nach einer Lösung suchen. Formulieren Sie dafür Ihre Bedürfnisse und Wünsche und stellen im Idealfall klare Regeln auf, wer für was verantwortlich ist: Trösten, Wickeln, Baden, ins Bett bringen, sich nachts um das Baby kümmern etc.

27. Nicht bevormunden!

Bei all unseren Tipps sollten Sie eins nicht vergessen: Bevormunden Sie Ihre Partnerin nicht. Sie weiß selber, was für sie gut ist und was nicht. Nur weil sich die ersten acht Wochen Wochenbett nennen, heißt das nicht, dass sie diese zwingend im Bett verbringen muss. Wenn ihr nach ein paar Tagen schon nach Spaziergang, Einkaufen oder Verwandtschaftsbesuchen der Sinn steht – alles gut. Jede Mutter ist anders, die eine braucht ein wenig mehr Zeit, die andere ist schon kurz nach der Entbindung wieder voller Energie. Viel wichtiger als Bevormundung: Gehen Sie auf ihre Bedürfnisse ein.

Ängste und Mindset

Dass Ängste bei jungen Eltern etwas völlig Normales sind, davon hatten wir es eingangs bereits im Buch. Das Abenteuer Baby lässt sich nicht mehr rückgängig machen, ein Baby bedeutet ein komplett anderes Leben, ein komplett anderes Familienmodell. Es ändert einfach alles, und zwar auf Dauer.

Begegnen Sie den Ängsten realistisch und offensiv. Ängste sind oftmals unbegründbar, aber eben dennoch vorhanden und sollten daher auch ernst genommen werden.

28. Baby Blues

Wie bereits im Kapitel weiter oben erwähnt, leiden viele Mütter nach der Entbindung am sogenannten Baby Blues. Zustande kommt dieser durch den schnellen Abfall der Hormone bei der Geburt. Die junge Mutter ist frustriert, aber auch Ängste spielen hierbei eine Rolle: Werde ich der Rolle als Mutter gerecht werden können? Werde ich alles richtig machen, werde ich mein Baby ausreichend lieben können? Bin ich eine gute Mutter?

Glücklicherweise geht die Phase in den meisten Fällen so schnell vorbei, wie sie gekommen ist. Falls nicht – und das ist wirklich in einem nur ganz geringen Prozentsatz der Fall –, sollte sich die Frau Hilfe holen.

29. Angst vor SIDS

Die Angst vor SIDS, dem sudden infant death syndrome, ist real und alles andere als unbegründet. Aber: Man kann diesem schrecklichen Ereignis gut vorbeugen. Ihr Baby sollte, wenn möglich, gestillt werden, es sollte nicht auf dem Bauch, sondern im Schlafsack auf dem Rücken schlafen, es sollte komplett rauchfrei aufwachsen und der Raum, in dem es schläft, sollte keinesfalls überheizt sein. Das Bettchen darf kein Kopfkissen haben und Stofftiere sind am Anfang auch fehl am Platz.

Wenn Sie diese Tipps beherzigen, haben Sie das Maximale getan, was geht. Lassen Sie los – es wird schon gutgehen.

30. Ängste des Vaters

Verunsicherung und Angst, vermischt mit Stolz und Vorfreude – das ist das, was die meisten Väter empfinden, wenn sie die frohe Botschaft erhalten. Die Angst, der komplexen Vaterrolle nicht gerecht werden zu können, ist real. Hinzu kommt: Was wird aus meiner Partnerin? Tropfende Brüste, Ebbe im Sexualleben? Fühle ich mich ausgeschlossen? Ist genug Liebe für das Kind da? Es hilft alles nichts: Sprechen Sie über Ihre Ängste. Versuchen Sie, in der kleinen Familie nicht außen vor, sondern mittendrin und dabei zu sein. Nehmen Sie die Herausforderung an, wie schon Millionen von Vätern vor Ihnen!

31. Ängste, dass das Baby sich verschlucken könnte

Was, wenn Baby sich beim Trinken verschluckt? Das kann beim Stillen genauso passieren wie später, wenn das Kind am Tisch mitisst. Seien Sie beruhigt: Die Gefahr, dass ein Baby sich beim Essen verschluckt, und zwar so, dass es lebensbedrohlich wird, geht gegen null. Wenn Baby erst mal am Tisch mitisst, sollten Sie auf jeden Fall bei ihm bleiben. Wird es mobil, darf sich nichts Kleines auf dem Boden befinden – darauf sollten Sie penibel achten.

Falls wirklich mal etwas in die Luftröhre rutschen sollte: Baby mit dem Kopf nach unten halten und leicht auf den Rücken klopfen.

32. Angst, das Baby zu verwöhnen

Es ist schon verrückt mit den Ängsten: Die einen Eltern haben Angst, sie würden ihr Kind nicht ausreichend lieben können, die anderen wiederum denken, sie würden es verwöhnen, wenn sie es zu viel umhertragen oder sofort auf sein Weinen reagieren. Die Sorge mit den verwöhnten Babys ist aber völlig unbegründet. Längst ist man sich in der Fachwelt einig, dass ein Baby im ersten Jahr seines Lebens gar nicht verwöhnt werden kann. Es braucht Liebe, Liebe, nochmals Liebe – und Nähe! Auch gerne unbegrenzt, denn das ist gerade in der ersten Zeit wichtig für das Urvertrauen. Erst später kommt das Thema Verwöhnen ins Spiel, aber darüber können Sie sich ja dann noch Gedanken machen, wenn es so weit ist.

33. Angst, als Eltern zu versagen

Sind wir gute Eltern? Sind wir in der Lage, das Kind „richtig" zu erziehen, zu einem verantwortungsvollen, selbstsicheren Menschen? Wir können Sie beruhigen: Diese Frage stellen sich alle Eltern irgendwann einmal. Vor allem, wenn man kurz davor ist, die Nerven zu verlieren, ist die Frage berechtigt. Aber: Auch Eltern sind nur Menschen. Und wahrscheinlich tun alle Eltern der Welt ihr Bestes, um aus ihrem Nachwuchs einen tollen, liebenswerten Erwachsenen zu machen. Erziehung ist eine ganz schön knifflige Angelegenheit, und: Jeder macht Fehler. Das bedeutet nicht gleich, dass Sie der Aufgabe als Eltern nicht gewachsen sind.

34. Angst, dass dem Baby etwas passiert

Was wäre, wenn mir das Baby herunterfällt? Wenn es entführt wird? Oder wenn es erstickt? Dieser kleine Mensch weckt in seinen Eltern absolute Schutzbedürftigkeit und natürlich liegt die Verantwortung über das zarte Leben zu 100 % in den Händen der Eltern. Sie haben also eine wirklich wichtige Aufgabe vor sich. Aber, hey: Sie sind nicht die ersten Eltern, die das meistern. Versuchen Sie, ein wenig locker zu bleiben. Noch werden Sie Ihr Baby rund um die Uhr behüten können, aber irgendwann kommt der Zeitpunkt, wo es die Welt alleine erkundet – dann braucht es Raum und Zuspruch seiner Eltern anstatt Helikoptereltern, die sich permanent kümmern. Machen Sie sich klar: Worst Case ist nicht der Normalfall und es lauert auch nicht hinter jeder Ecke etwas abgrundtief Böses auf Ihr Kind.

35. Angst vor Verlust der Freiheit

Diese Angst haben wahrscheinlich alle Eltern und realistisch ist sie in jedem Fall. Wer ein Kind hat, genießt definitiv nicht die gleichen Freiheiten wie ein kinderloses Paar. Aber: Alles hat seine Vor- und Nachteile. Wenn Sie ein Kind haben, heißt das nicht, dass Sie nie wieder auf coole Partys gehen oder tolle Reisen machen können. Alles zu seiner Zeit. Ein Kind nimmt Ihnen zwar ein Stück Freiheit weg, auf der anderen Seite gibt es Ihnen so viel anderes Wertvolles, dass der vorübergehende Verlust an Freiheit gut zu ertragen ist. Ein Baby ist in jeder Hinsicht eine Bereicherung!

36. Angst davor, nur noch Eltern, aber kein Paar mehr zu sein

Zuerst einmal werden Sie und Ihre Frau nicht mehr ein Liebespaar sein, sondern in erster Linie Eltern. Diese Tatsache rückt in den Vordergrund und Ihre romantische Beziehung in den Hintergrund. Alles dreht sich nur noch ums Baby und Ihre Partnerin wird ihrem Nachwuchs immer den Vorrang geben. Das ist normal! Dass der Mann in der ersten Zeit zurückstecken muss, ist naturgegeben. Aber auch das ändert sich irgendwann wieder. Ein Kind macht Sie zu Mama und Papa, aber es schweißt auch zusammen, denn Sie sind jetzt eine kleine Familie. Nehmen Sie sich am besten vor, sich im ersten Jahr auf keinen Fall zu trennen oder sich scheiden zu lassen – denn danach wird es ganz sicher wieder besser.

37. Angst oder Panik? Das Problem der Überinformiertheit

Prima, wenn Sie als Eltern über alle Details informiert sind. Das war noch vor wenigen Generationen komplett anders, immerhin gab es damals kein Internet, sondern allenfalls einen Elternratgeber in Buchform. Wissen ist Macht – das steht außer Frage. Wenn Eltern aber überinformiert sind, kann sich das auch ins Gegenteil verwandeln: in Panik. Dass Eltern auf ihren Nachwuchs achtgeben, ist nichts Neues. Dass sie aber alle Kinderkrankheiten in- und auswendig kennen und überspitzt formuliert jeden Pups und Pieps ihres Babys deuten wollen, kann kontraproduktiv sein. Hier hilft nur eins: Gesunden Menschenverstand walten lassen und nicht 1001 verschiedene Babyratgeber lesen.

Hebamme

Keine Geburt ohne Hebamme! Eine Geburt ist keine Krankheit, weshalb ein Arzt bei einer Geburt gar nicht anwesend sein muss – die Hebamme hat nämlich den wichtigeren Part. Hebamme ist ein wunderbarer Beruf und sie ist sowohl vor der Schwangerschaft als auch bei der Entbindung und noch darüber hinaus ein wichtiger Ansprechpartner.

38. Alles Wichtige zur Hebamme

Eine der wichtigsten Personen überhaupt in der ersten Zeit ist die Hebamme. Sie ist nämlich nicht nur bei der Entbindung dabei, sondern kommt auch noch die ersten zehn Tage danach täglich ins Haus und gibt Tipps. Sie hilft bei der Säuglingspflege, wiegt das Neugeborene, gibt wichtige Tipps zum Thema Stillen und ist erste Ansprechpartnerin, wenn es Fragen, Ängste oder Sorgen gibt. Umso wichtiger also, dass die Nachsorgehebamme mit Bedacht ausgewählt wird und dass ein gutes Vertrauensverhältnis herrscht.

39. Doulas

Kennen Sie die Bezeichnung Doula schon? Eine Doula ist ziemlich eng verwandt mit der Hebamme. Man versteht darunter eine Geburtsbegleiterin, die Schwangeren auf Abruf zur Verfügung steht. Es gibt für Doulas sogar spezielle Ausbildungen. Die Voraussetzung: Sie muss mindestens 25 Jahre alt sein und selbst ein Kind haben. Der Unterschied zur Hebamme liegt in der Ausbildung. Daher kann sie auch nicht die Leitung bei einer Geburt übernehmen, was die Hebamme hingegen kann. Wenn aber die Hebamme den Raum verlässt, um andere Gebärende zu betreuen, kann sich die Doula um das Wohl der Mutter kümmern. Hebamme und Doula können sich also im Idealfall wunderbar ergänzen.

40. Männliche Hebammen

Gibt es männliche Hebammen? Eigentlich ist dieser Beruf ja eine echte Frauendomäne, oder? Das schon. Dennoch gibt es mittlerweile auch männliche Hebammen, es existiert dafür seit Kurzem sogar eine extra Berufsbezeichnung: Entbindungspfleger. Seit dem Jahr 2022 gibt es nämlich eine Reform bei der Hebammenausbildung, die neuerdings ein duales Studium mit hohem Praxisanteil vorsieht.

Männliche Hebammen sind aber im Moment in Deutschland noch eine absolute Seltenheit. Im Moment sind es ca. fünf Stück in ganz Deutschland, die diesen vermeintlichen Frauenberuf für sich entdeckt haben. (Stand:2020)

Erstausstattung

Die Sache mit der Erstausstattung ist ganz schön schwierig – was braucht man wirklich? Was ist unnötig? Listen im Internet gibt es zuhauf. Hier bekommen Sie ein paar Tipps an die Hand, worauf Sie bei den wichtigsten Anschaffungen achten sollten.

41. Kinderwagen

Die Wahl des passenden Kinderwagens ist eine Wissenschaft für sich. Gute Kinderwagen kosten heute mitunter so viel wie ein alter, gebrauchter Kleinwagen. Wenn Sie nicht so viel Geld investieren wollen, halten Sie nach einem gebrauchten Kinderwagen Ausschau. Lassen Sie sich aber am besten vorher im Fachhandel beraten, welches Modell für Sie und Ihre Bedürfnisse am besten geeignet ist. Es gibt 2-in-1 und 3-in-1 Kinderwagen-Modelle, dreirädrige oder vierrädrige Modelle mit Luftbereifung etc. Die Auswahl des richtigen Kinderwagens sollte in aller Ruhe erfolgen und vielleicht werfen Sie vorher auch mal einen Blick in diverse Testberichte, das vereinfacht die Auswahl.

42. Bett und Ausstattung

Viele Eltern entscheiden sich dafür, ihr Baby entweder gleich bei sich im Bett schlafen zu lassen, oder sie kaufen sich eine praktische Alternative, das Baby-Beistellbett. Es ist eine Art Erweiterung des Ehebettes und wird am Rand befestigt. Die stillende Mutter kann dann ihr Baby einfach zu sich herüberziehen, ohne aufstehen zu müssen. Ansonsten bleibt noch das klassische Babybettchen oder die Wiege – im Idealfall mit Rollen ausgestattet, sodass es nicht fix an einem Platz stehen muss.

43. Bettausstattung

Was die Ausstattung des Betts anbetrifft: Baby braucht am Anfang weder Decke noch Kissen, sondern stattdessen einen guten Schlafsack, weder zu groß noch zu klein. Der Halsausschnitt sollte nur so groß sein, sodass das Baby keinesfalls in den Schlafsack hineinrutschen kann. Ideal für das Babybett sind luftige, atmungsaktive Stoffe und Materialien, sodass sich die Hitze nicht staut. Nestchen werden aufgrund der Gefahr von SIDS (plötzlicher Säuglingstod) nicht mehr empfehlen, genauso wenig wie Stofftiere und dergleichen.

44. Tragehilfe

Eine Tragehilfe kann Ihnen das Leben wirklich vereinfachen. Ein Kinderwagen ist nämlich manchmal einfach nur hinderlich, außerdem wollen Babys liebend gerne am Körper getragen werden und Sie können die Tragehilfe auch im Haus benutzen. Gehen Sie in ein gutes Fachgeschäft oder noch besser: Gönnen Sie sich eine qualifizierte Trageberatung, die teilweise auch von Hebammen angeboten wird. Man kann nämlich beim Tragen auch einiges falsch machen und die Auswahl ist so groß, dass Sie wahrscheinlich erst mal überfordert sind. Eine Trageberatung verhindert einen Fehlkauf.

45. Wickelkommode

Ein wichtiges Thema, so wichtig, dass es 5-mal oder sogar häufiger an der Tagesordnung ist, ist das Wickeln. Wo und wie soll Baby gewickelt werden? Eine Wickelauflage auf der Badewanne hat den Vorteil, dass fließendes Wasser immer in greifbarer Nähe ist, eine Wickelkommode im Kinderzimmer hingegen bietet gleichzeitig eine Menge Stauraum.

Auf die Wickelkommode gehört eine Wickelunterlage, die abwaschbar ist und bei Bedarf mit einem Spuck- oder Handtuch belegt wird, die das gröbste Malheur abhält.

46. Kleidung

Weniger ist mehr – viele Eltern neigen dazu, ihrem Baby viel zu viele Klamotten in der kleinsten Größe zu kaufen, die dann im Handumdrehen gar nicht mehr passen. Schade drum. Natürlich braucht es auch in der kleinsten Größe eine bestimmte Erstausstattung, aber ruckzuck ist es wieder rausgewachsen. Seien Sie sich sicher: Sie werden bestimmt auch noch den einen oder anderen Strampler oder Body geschenkt bekommen. Mit ein paar Stramplern, Halb- und Langarmbodys, Socken, Mützchen und Jacke sind Sie fürs Erste gut ausgestattet.

47. Autositz

Die Auswahl des passenden Autositzes ist ähnlich kompliziert wie die des Kinderwagens. Beim Autositz kommt aber noch der Sicherheitsaspekt hinzu. Auch hier sollten Sie sich beraten lassen: Welcher Sitz passt wie lange, welcher Sitz ist vom Handling am einfachsten? Hat Ihr Auto Isofix, ein bereits integriertes Befestigungssystem für Kindersitze?

Der Sitz braucht auf jeden Fall ein ECE-Siegel und für Neugeborene ist die Sitzgruppe 0 oder 0+ relevant.

48. Dies und das

Weiterhin benötigt Ihr Zwerg noch ein paar Kleinigkeiten: Fläschchen, falls das Stillen nicht klappt oder falls die Mama mal abpumpen möchte, Schnuller für den Notfall, Lätzchen für später, Halstücher, wenn es zahnt, etc.

Was es in der ersten Zeit noch nicht braucht, sind Spielsachen. Zum einen werden Sie zur Geburt mit sehr hoher Wahrscheinlichkeit diverse Spielsachen geschenkt bekommen, zum anderen spielen Neugeborene in den ersten Monaten ohnehin noch nicht – außerdem sind Händchen und die Füße das interessanteste Spielzeug überhaupt.

(Kleiner Hinweis: Auf das Thema Windeln, Tragen, Bettausstattung und Kleidung wird später noch näher eingegangen.)

Vorsorgeuntersuchungen und Arztbesuche

In den ersten Monaten sind Sie überdurchschnittlich oft zu Besuch beim Kinderarzt – zu Vorsorgeuntersuchungen, Impfungen etc. Der Arzt wird einer Ihrer wichtigsten Ansprechpartner und Vertrauensperson in der ersten Zeit.

49. Impfungen und Co.

Kaum ist das Baby geboren, stehen auch schon die ersten Schutzimpfungen an. Besprechen Sie mit Ihrem Kinderarzt, was wann genau auf dem Plan steht, welche Impfung wirklich sein muss und welche sich vielleicht verschieben lässt. Das Thema Schutzimpfung ist heiß umstritten – gute Kinderärzte bieten Beratungen zum Thema Impfungen an.

50. Vorsorgeuntersuchungen

In den ersten Jahren des Lebens müssen Sie mit Ihrem Baby alle paar Wochen bzw. Monate die sogenannten U-Untersuchungen wahrnehmen. Dort stellt der Kinderarzt fest, ob sich das Kind altersgemäß entwickelt oder ob es Verzögerungen gibt.

Diese Untersuchungen sind wichtig, weil dabei schnell festgestellt werden kann, wenn Ihrem Kind etwas fehlen sollte – nur dann kann im Zweifelsfall rechtzeitig reagiert werden. Am Anfang finden die Untersuchungen in einem engeren Turnus statt, später dann nur noch alle paar Jahre.

51. Arzt des Vertrauens

Zum Kinderarzt sollte auf jeden Fall ein Vertrauensverhältnis bestehen. Daher sollten Sie sich im Freundeskreis umhören, welcher Arzt in der Nähe empfehlenswert ist und Ihren Vorstellungen entspricht. Ist es ein Arzt, der ausschließlich schulmedizinisch behandelt oder verfolgt er auch Ansätze der Homöopathie oder Naturheilmedizin? Ist der Arzt jung oder alt, wie kann er mit Kindern umgehen? Wie ist die Erreichbarkeit, wie die Wartezeit? Werden Wünsche, Sorgen und Ängste ernst genommen? Kann der Arzt über den Tellerrand schauen, ist sein Wissen auf dem neuesten Stand? Oftmals können auch Hebammen wertvolle Tipps für gute Kinderärzte geben.

Hygiene des Babys – Tipps und Fakten

Was muss bei der Babypflege alles beachtet werden? Wie ist das mit dem Baden, dem Waschen, dem Wickeln?

52. Nabel Abheilung

Über den Nabel und die Nabelschnur waren Mama und Kind monatelang eng verbunden. Ist die Nabelschnur ab, verbleibt ein kleiner Rest, der schon nach wenigen Tagen abfällt. Bis dahin muss der Nabel allerdings gut gepflegt werden. Keine Angst: Falsch machen können Sie dabei nicht viel. Hygiene ist das Wichtigste, wenn es um die Nabelpflege geht. Urin oder Stuhlgang sollten möglichst nicht daran geraten, außerdem gilt: Vor der Pflege immer gründlich Hände waschen. Der Nabel muss immer trocken gehalten werden und zum Reinigen und Pflegen verwenden Sie am besten sterile Lappen und Tücher. Die Hebamme wird Ihnen sicher bei der Pflege des Nabels helfen und Sie unterstützen, bis er dann ganz abgefallen ist.

53. Verklebtes Auge

Ihr Baby hat ein verklebtes Auge? Das ist bei Babys gar nicht mal so selten. Der Grund: Augen von Neugeborenen produzieren noch nicht genug Flüssigkeit, sodass sie nicht ausreichend befeuchtet werden. Lüften Sie die Zimmer regelmäßig, heizen Sie im Schlafzimmer möglichst wenig oder gar nicht und platzieren Sie auf den Heizungen Wäsche, um die Luftfeuchtigkeit zu steigern.

Super Tipp: Geben Sie mit einem Wattebausch Muttermilch auf das verklebte Auge. Sie wirkt entzündungshemmend und fördert die Heilung.

54. Zähne putzen etc.

Etwa im Alter von sechs Monaten fangen Babys an zu zahnen. Zu dem Zeitpunkt muss noch nicht zwingend ausgiebig Zahnhygiene beitrieben werden, dennoch ist es nie früh genug, mit dem Zähneputzen zu beginnen und das Kind an eine gewisse Routine zu gewöhnen. Wichtig: eine gute Babyzahnbürste mit weichen, abgerundeten Borsten. Damit können Sie sowohl die ersten Zähnchen zweimal am Tag putzen, ohne dass das empfindliche Zahnfleisch gereizt wird. Die meisten Babys sind nicht gerade begeistert, wenn die Zähnchen geputzt werden. Eine Zahnbürste mit einem Kindermotiv oder ein nettes Lied, das Sie währenddessen singen, kann ein wenig vom Kummer ablenken.

55. Muttermilch

Vielleicht wussten Sie es ja schon: Muttermilch ist ein richtiges Wundermittel gegen alles Mögliche und dient nicht nur dazu, dass Baby satt wird und wächst. Muttermilch kann nicht nur bei wunden Pos erfolgreich aufgetragen werden, es hilft auch bei verklebtem Auge, bei Schnupfen und ist prima geeignet als Badezusatz. Es kann sich also sogar lohnen, ein bisschen davon in kleine Eiswürfelbehälter einzufrieren, wer weiß, wozu sie noch zu gebrauchen ist. Wenn zu viel davon vorhanden ist, kann die Milch später auch dazu verwendet werden, die ersten Babykekse oder Waffeln zu backen.

56. Po reinigen beim Wickeln

Wie reinigt man den Po am besten nach dem Wickeln? Manchmal ist wirklich alles eingesaut, wenn die Windel voll ist. Dann sollten Sie Ihr Baby am besten gleich unter dem Wasserhahn mit warmem Wasser gut abwaschen und sparen dabei eine Menge Waschlappen oder Feuchttücher. Apropos Feuchttücher: Die sind weder geld- noch umwelt- oder hautfreundlich. Stattdessen könne Sie einfach einen Waschlappen verwenden und diesen jedes Mal nach dem Gebrauch gründlich auswaschen. Nur hartnäckige Stuhlreste lassen sich mitunter mit Tüchern, auf die Sie etwas Öl geben, besser entfernen. Achtung: Bei Mädchen bitte immer nur von vorne nach hinten reinigen, ansonsten könnten Keime aus dem After in die Scheide gelangen.

57. Nägel schneiden

Dem Baby die Nägel schneiden? Bloß nicht! Die Verletzungsgefahr ist viel zu groß. Auch nicht dann, wenn es schläft. Die Nägel sind nämlich noch sehr weich und brechen meisten irgendwann von selbst ab.

In den ersten Lebenswochen sollten die Nägel des Babys überhaupt nicht geschnitten werden. Sollte es sich versehentlich immer wieder das eigene Gesicht zerkratzen, können Sie ihm Kratzhandschuhe bzw. Fäustlinge anziehen.

58. Milchschorf oder Gneis?

Das Baby hat kleine, unschöne, harte Schuppen auf dem Kopf? Die meisten bezeichnen dies als Milchschorf – das ist aber falsch. Denn es handelt sich dabei in aller Regel vielmehr um Gneis. Letzterer bildet sich schon in den ersten Lebenswochen des Babys, Milchschorf hingegen nicht. Echter Milchschorf juckt stark und tritt im Übrigen nur extrem selten auf.

Gneis sieht jedenfalls schlimmer aus, als er ist – auch wenn es Sie in den Fingern jucken sollte, den Gneis abzuknibbeln, denn dabei könnte es zu Entzündungen kommen – lassen Sie die Haut Ihres Babys in Ruhe und tupfen Sie die Stellen ab und zu mit einem Wattebausch ab, der mit Öl getränkt ist. Irgendwann geht Gneis von ganz alleine wieder weg. Er ist also eher ein optisches Problem.

59. Baden – wie oft?

Neugeborene und kleine Babys machen sich kaum schmutzig, solange sie noch nicht am Tisch mitessen. Zwar muss der Windelbereich immer wieder gut gereinigt werden, das erfordert aber nicht gleich ein Vollbad. Wie oft also muss ein Baby gebadet werden? Ein Müssen gibt es hier nicht. Empfohlen wird zu Beginn ein einmaliges Baden pro Woche, wenn es dem Baby gefällt. Manche Babys drehen nach dem Baden regelrecht auf, andere werden davon müde und wieder andere hassen es wie die Pest – machen Sie das also am besten individuell so, wie es für Sie und Ihr Baby am besten passt.

60. Babypflegeprodukte

Creme, Puder, Öl? Was braucht ein Baby eigentlich alles an Pflegeprodukten? Gute Frage. Eigentlich fast gar nichts. Die Zeiten, zu denen Babys Pop nach dem Wickeln gepudert wurde, sind nämlich längst passé. Sie können dem Baby, sollte der Po wirklich wund sein, eine spezielle Wundsalbe auftragen (Calendula Salbe von Weleda zum Beispiel oder Zinksalbe), ansonsten ist eine intakte Haut gut in der Lage, ohne Pflegemittel auszukommen. Besorgen Sie sich ein hochwertiges Mandelöl, das pflegt die Haut und kann entweder tropfenweise dem Badewasser zugegeben werden oder für die Babymassage verwendet werden. Mehr braucht es nicht.

Kleidung für das Baby

Babykleidung ist unglaublich süß – nicht selten verfallen Eltern schon vor der Geburt regelrecht in einen Kaufrausch nach dem Motto: sicher ist sicher. Aus Erfahrung kann man aber nur raten: Halten Sie sich besser etwas zurück.

61. Besser zu groß als zu klein!

Die Zeit, in der Ihr Baby Erstlingsgrößen braucht, vergeht wie im Flug. Daher empfiehlt es sich, gleich ein paar mehr von den größeren Größen anzuschaffen. Ein zu großer Strampler kann mit Söckchen an den Füßen fixiert werden. Bei einem zu großen Pullover lassen sich die Ärmelbündchen, bei Hosen kann man die Hosenbeine umschlagen. Kaufen Sie besser auf Vorrat, als dass viele der mit Euphorie gekauften Kindersachen ungetragen im Schrank bleiben.

62. Keine Hoodies mit Kordeln

Auch wenn es nett aussehen mag: Hoodies, die eine Kordel im Halsbereich haben, haben an Babys und Kleinkindern nichts verloren! Alles, was über Schnüre verfügt, birgt immer auch eine Stranguliergefahr. Normalerweise aber haben Kinderklamotten derlei Kordel ohnehin nicht. Babykleidung sollte nicht in erster Linie schick aussehen, sondern einfach praktisch sein.

63. Keine zu engen Bündchen am Bauch

Was viele Eltern leider nicht beachten beim Einkleiden ihres Babys, ist die Tatsache, dass der Bauch gerade am Anfang sehr empfindlich ist. So schön sie auch aussehen: Der Bund von Babyjeans und Hosen sollte in jedem Fall breit und weich sein und nicht etwa in den Bauch einschneiden.

Bei einem Strampler besteht dieses Problem nicht: Er ist in der Taille schön weit geschnitten, nichts verrutscht und das Babys ist immer gut eingepackt. Auch wenn ein Strampler modisch betrachtet vielleicht nicht mehr der letzte Schrei ist – praktisch ist er allemal, allerdings nur dann, wenn er sich zum Wickeln im Schritt aufknöpfen lässt.

64. Socken oder nicht?

Braucht das Baby nun Socken oder nicht? Auch über dieses Thema wird immer wieder gestritten. Die einen sagen unbedingt, die anderen schwören eher auf nackte Füßchen. Fest steht, dass Sie an den Händen eher nicht erkennen können, ob Ihr Baby friert, dafür aber an den Füßen. Sind diese kalt, friert Ihr Baby möglicherweise. Das ist also ein Punkt, den Sie am besten individuell entscheiden sollten. Neugeborene allerdings verlieren sowohl über den Kopf als auch über die Füße Wärme. In den ersten Wochen ist es also durchaus wünschenswert, dass Baby Söckchen trägt. Ist es dann etwas älter, darf es ruhig auch mal barfuß sein, denn dann lassen sich die Füße viel besser mit dem Mund erkunden.

65. Thema Mützchen

Mütze auf oder ab? Mit dem Mützenthema ist es ähnlich wie mit den Socken: Es herrscht Uneinigkeit und Unsicherheit. Es gibt Hebammen, die empfehlen, in den ersten Tagen nach der Geburt auch im Haus dem Baby eine Mütze aufzuziehen, da es vor allem über den Kopf Wärme verliert. In Anbetracht von SIDS jedoch wird das zumindest offiziell überhaupt nicht mehr empfohlen, ganz im Gegenteil. Das Baby könnte aus Versehen die Mütze über das Gesicht ziehen und dann ersticken. Daher folgender Rat: Ziehen Sie Ihrem Baby am besten im Haus keine Mütze auf, im Freien aber in den ersten Wochen auf jeden Fall, auch wenn es draußen warm ist.

66. Wolle/Seide

Ein traumhaftes Material für Babys ist Wolle/Seide. Und nein, die heutigen Produkte aus diesem Material haben überhaupt nichts mehr gemeinsam mit den alten, kratzigen Wollstrumpfhosen oder Pullovern, womit manche es assoziieren. Unterwäsche aus Wolle/Seide ist superangenehm auf der Haut, extrem weich, kann meistens in der Maschine gewaschen werden und hält deutlich wärmer als Baumwolle. Außerdem müssen Woll- bzw. Seidensachen nicht so oft gewaschen werden, es reicht meistens, wenn sie einfach aufgehängt oder gelüftet werden. Ein Woll- bzw. Seidenshirt und/oder Body für das Neugeborene sind also unbedingt zu empfehlen.

Nahrung für das Baby

Stillen, Flaschenkind, Beikost, Babybrei – gar nicht so einfach, das alles zu beachten und es „richtig“ zu machen. Babys Ernährung ist eine Wissenschaft für sich. Wenn die Mutter stillt, muss sie sich zumindest die ersten sechs Monate keinen Kopf darüber machen, was das Baby wann bekommt.

67. Alles über Muttermilch

Muttermilch ist ein regelrechter Zaubertrank. Sie soll Allergien vorbeugen, ist ein echter Nährstoff-Cocktail und durch nichts zu ersetzen. Fürs Baby ist es ein echtes Superfood! Babys, die gestillt werden, haben ein geringeres Risiko, an Diabetes, an Herz-Kreislauf-Erkrankungen oder an Atemwegserkrankungen zu erkranken. Wird längere Zeit gestillt (über sechs Monate), soll die Muttermilch sogar bestimmten Krebsarten vorbeugen. Sie liefert Energie für die Entwicklung des Gehirns und, was viele nicht wissen: Ihre Zusammensetzung ändert sich im Laufe des Tages. Sie enthält morgens mehr Cortisol, was wach macht, und am Abend mehr Melatonin, was beim Einschlafen hilft. Hat die Natur da nicht mal wieder wunderbar mitgedacht?

68. Pre milch statt Stillen

Mit dem Stillen ist das so eine Sache. Es ist zwar das Gesündeste für das Baby, oftmals will es aber einfach nicht so richtig klappen. Wenn alles nichts hilft, dann muss die Flasche her. Immerhin gibt es auch hier Vorteile: Der Papa kann das Füttern übernehmen, was die Vater-Kind-Bindung fördert. Die Mama ist nicht mehr ganz so gebunden.

Ein Säugling sollte in jedem Fall nur Anfangsnahrung, Pre- oder 1-Nahrung erhalten, ist das Kind vorbelastet durch Allergien der Eltern, bietet sich eine hypoallergene Säuglingsnahrung an. Babynahrung selbst herzustellen ist keine Alternative. Hiervor wird eindeutig abgeraten.

69. Beikost

Unter Beikost versteht man alles außer Muttermilch und Säuglingsmilch. Mit etwa einem halben Jahr beginnt die Zeit, zu der das Baby zum ersten Mal Beikost erhalten darf. Der Speiseplan wird also erweitert um einen Brei, in der Regel um die Mittagszeit. Bei den ersten Versuchen wird nicht viel davon im Magen landen, es erfordert also einiges an Zeit und Geduld vonseiten der Eltern, bis Baby vom Löffel essen kann. Immer daran denken: Es ist noch kein Meister vom Himmel gefallen! Außerdem sollte es die Beikostreife erreicht haben.

70. Baby Led Weaning

Diese Methode des Fütterns ist wieder sehr stark im Kommen. Baby bekommt keinen Brei, sondern isst von Anfang an am Tisch mit – allerdings nur Dinge, die es gut halten kann, die die richtige Konsistenz haben und nicht überwürzt sind. Das könnte zum Beispiel eine Nudel sein, ein Stückchen Kartoffel, eine Gurke, eine gekochte Karotte, Birne etc.

Wie alles, so hat auch diese Methode Vor- und Nachteile. Vorteile: Sie brauchen nicht fürs Baby extra Brei zubereiten, es kann sich die Lebensmittel heraussuchen, die Sie als Eltern ebenfalls essen. Nachteil: Es gibt viele Gerichte, die nicht Led Weaning geeignet sind, dann müssen Sie doch wieder separat kochen. Außerdem sollten Eltern aufgrund der Gefahr des sich Verschluckens immer beim Kind bleiben, wenn es isst.

71. Anti Kolik Flasche

Manchmal bekommen Säuglinge, die mit der Flasche gefüttert werden, eher Bauchschmerzen, weil sie beim Trinken viel Luft verschlucken. Das muss aber nicht sein. Mit einer speziellen Anti-Kolik-Flasche lässt sich das Risiko verringern. Im Boden der Flasche befinden sich kleine Löcher, die mit einem Gummiventil verschlossen werden. Beim Saugen kann die Luft durch diese Löcher entweichen und Baby verschluckt demzufolge beim Trinken weniger Luft.

72. Verdauung des Babys

Die Verdauung von Stillbabys unterscheidet sich ein wenig von der des Flaschenkindes. Stillbabys haben normalerweise sehr oft Stuhlgang, es ist aber auch normal, wenn er mal ein paar Tage ausbleibt. Voll gestillte Kinder haben quasi niemals Durchfall. Der Stuhl ist eher wässrig und riecht nicht unangenehm. Bei Flaschenkindern riecht der Stuhlgang stärker. Wenn dann zugefüttert wird, verändern sich sowohl die Farbe als auch der Geruch des Stuhlgangs. Banane stopft, Birne oder Pfirsiche sind bei Neigung zu Verstopfung die bessere Wahl.

73. Reflux

Auch Babys können unter Reflux leiden. Allerdings sind Reflux und Sodbrennen nicht das Gleiche. Mögliche Anzeichen dafür sind Unruhe, wenn das Baby nach den Mahlzeiten hingelegt wird. Bleibt es in einer aufrechten Position, wird es besser. Wenn Baby immer wieder Milch aufstößt und Sie das Gefühl haben, es erbricht Magensäure, könnte auch das ein Anzeichen sein. Zu Reflux kann es kommen, wenn das Baby beim Trinken zu viel Luft verschluckt und diese in den Magen gelangt. Gut zu wissen: Das Bäuerchen ist kein Reflux!

Normalerweise ist Reflux übrigens kein Problem. Nur wenn das Kind nicht altersgemäß zunimmt und häufig schreit, hustet oder Unregelmäßigkeiten beim Atmen auftreten, sollte der Arzt befragt werden.

74. Keine zuckerhaltigen Speisen

Eigentlich ist es selbstredend, dass Babys mindestens in ihrem ersten Lebensjahr keine zuckerhaltigen Speisen gefüttert bekommen sollten.

Zwar sind Babys, die gestillt werden, auf einen eher süßen Geschmack getrimmt, aber auch Karotten oder Bananen sind süß, sodass die meisten Babys Geschmack daran finden. Also: Zucker sollte Ihr Baby so spät wie möglich bekommen. Je später, desto besser. Zuckerersatz wie Dextrose, Fruktose oder Glucose, aber auch Kokosblütenzucker und Birkenzucker sollten im ersten Lebensjahr ebenfalls vermieden werden.

75. Wichtige Vitamine, die das Baby braucht

Vitamin C, Vitamin D, Vitamin K, Vitamin B – die Sache mit den Vitaminen ist eine ziemlich komplexe Angelegenheit. Generell gilt: Baby braucht die gleichen Vitamine wie wir Erwachsenen auch. Wichtig ist vor allem eine gute Versorgung mit Vitamin D, weshalb meistens schon von Anfang an supplementiert werden sollte. Vitamin D bildet der Körper nämlich aufgrund von Sonneneinstrahlung selbst, da Babys aber nicht an die Sonne dürfen, ist eine Ergänzung wichtig.

Am besten ist es, Sie ernähren Ihr Baby abwechslungsreich mit frischer Kost, mit viel Gemüse und Obst, dann wird es automatisch mit den wichtigsten Vitaminen versorgt.

76. Welche Nahrung ist gut und warum?

So pauschal kann diese Frage nicht beantwortet werden. Während Babys in unseren Breitengraden als Erstes in der Regel einen Karotten-Kartoffelbrei bekommen, wird das in anderen Ländern ganz anders gehandhabt. Generell eignen sich milde Gemüsesorten, die dann mit Kartoffeln oder je nach Alter des Babys mit Getreide kombiniert werden (Hirse, Hafer, Reis zum Beispiel).

Die meisten Eltern führen mittags zuerst einen Gemüse-Kartoffelbrei ein, es folgen nachmittags der Obstbrei und abends der Obst-Getreide-Brei. Wichtig ist, dem Brei, sofern er selbst gekocht ist, immer ein paar Tropfen hochwertiges Öl (zum Beispiel Rapsöl) zuzufügen. Wichtig ist außerdem die Qualität der Lebensmittel – bio ist konventionellen Lebensmitteln zu bevorzugen.

77. Gemüse

Welches Gemüse dürfen Babys im ersten Lebensjahr eigentlich essen? Ziemlich viele. Ideal als erste Beikost sind Karotten, Kartoffeln, Süßkartoffeln, Kürbis, Pastinaken, Brokkoli, Zucchini, Blumenkohl, Sellerie und Fenchel. Spinat sollte wegen des hohen Nitratgehalts nur in geringen Mengen auf dem Speiseplan stehen. Ab ca. neun Monaten können auch Rote Bete, Aubergine, Paprika, Tomaten, Zwiebeln und Mangold gefüttert werden. Auch hier gilt: Gemüse aus biologischem Anbau ist eine gute Wahl. Vor Zubereitung sollten Sie alles gut waschen und schälen.

78. Obst

Viele Kinder mögen Obst deutlich lieber als Gemüse - eigentlich klar, da Obst süßer schmeckt. Das klassische Einsteigerobst für Babys ist der Apfel. Er darf gleich am Anfang gegeben werden, am besten ganz fein gerieben. Auch bei Led Weaning ist Apfel gut geeignet. Banane ist ebenfalls ein Klassiker – sie ist weich und süß, ideal also für Babys und perfekt, um daraus schnell einen Brei selbst zu mischen. Bananen sind genau aus diesem Grund allerdings nur in Maßen, nicht im Übermaß zu füttern: Zum einen sind sie sehr süß, zum anderen können sie verstopfen. Ebenfalls beliebt bei den Kleinen sind Birne, Heidelbeeren, Erdbeeren, Kirschen ohne Stein, Mango, Pfirsich, Melone und Pflaume. Diese Obstsorten kann das Baby ab ca. acht Monaten gefüttert bekommen oder selbst essen.

79. Vegan oder vegetarisch?

Auch wenn vielen das Herz bei dem Gedanken stehen bleiben mag: Heutzutage ist weder eine vegetarische noch eine vegane Ernährung für Kinder ein Problem. Voraussetzung: Sie ist gut durchdacht und die Eltern haben sich gut informiert. Vegetarisch oder vegan ist nicht per se eine Mangelernährung, ganz im Gegenteil. Zu achten ist bei veganen Kindern auf eine ausreichende Gabe von Vitamin B12 und natürlich sollte der Speiseplan abwechslungsreich sein. Viele Kinderärzte haben noch Vorbehalte einer veganen Kinderernährung gegenüber, es empfiehlt sich, hierzu einen Ernährungsberater aufzusuchen, der sich auf vegane Kinderernährung spezialisiert hat.

80. Beikostreife

Das Baby tut sich extrem schwer beim Zufüttern? Dann kann es sein, dass es die nötige Beikostreife noch nicht erreicht hat. Es ist wichtig, dass diese beachtet und respektiert wird – das eine Baby erreicht sie schon mit fünf Monaten, das andere erst mit acht. Sie erkennen die Reife zum Beispiel daran, dass der Zungenstoßreflex vollständig verloren geht. Er sorgt dafür, dass Babys alles, was in den Mund kommt, automatisch mit der Zunge wieder herausschieben. Es kann selbstständig nach Nahrung greifen und zeigt auch Interesse daran. Außerdem sollte die Koordination von Augen, Hand und Mund so funktionieren, dass es alleine Lebensmittel in den Mund stecken kann.

81. Honig und Ahornsirup im ersten Lebensjahr

Keinesfalls sollten Babys in ihrem ersten Lebensjahr Honig erhalten. Das liegt aber nicht etwa am Zuckeranteil, sondern vielmehr am darin enthaltenen Gift Clostridium botulinum, welches zu einem Säuglingsbotulismus führen kann, wenn auch selten. Daher wird ganz generell davon abgeraten, einem Kind vor Ende des ersten Lebensjahres Honig in welcher Form auch immer zu füttern. Selbiges gilt im Übrigen für Ahornsirup.

82. Gewürze

Viele Eltern machen den Fehler und meinen, der Geschmackssinn des Babys wäre ähnlich wie ihr eigener. Das stimmt aber so nicht. Im ersten Lebensjahr sollte Baby ausschließlich ungewürzte Speisen erhalten. Das heißt: kein Salz und kein Pfeffer. Was hingegen erlaubt ist, sind kleine Mengen an Kräutern. Auch wenn wir Erwachsenen ungewürztes Essen als fade empfinden: Bei Babys ist das noch nicht der Fall, ihr Geschmackssinn ist „unverdorben", weshalb Babys auch ungesalzene und ungewürzte Speisen schmecken.

83. Was ist mit Soja?

Babys im ersten Lebensjahr sollten sicherheitshalber kein Soja bekommen. Da liegt daran, dass Sojaprodukte Isoflavone enthalten, ein hormonähnlicher Stoff. Es handelt sich hierbei aber um eine reine Vorsichtsmaßnahme, gesicherte Daten gibt es hier noch nicht und die Experten sind sich uneinig. Immerhin wird es in sehr vielen Ländern in Asien anders gehandhabt.

Ab einem Jahr darf das Kind aber Sojaprodukte in geringem Umfang erhalten. Es muss ja nicht täglich auf dem Speiseplan stehen.

84. Gläschen oder selber kochen?

Diese Frage wird niemand beantworten können. Es ist fast eine Glaubensfrage. Gläschenkost ist einfach und praktisch und die Qualität ist in der Regel richtig gut. Selber kochen hingegen ist aufwendig – dafür aber deutlich günstiger. Sie können die Zutaten und deren Qualität selbst bestimmen, können größere Mengen auf Vorrat kochen und bei Bedarf auftauen. Viele Eltern machen einen Kompromiss aus selber kochen und Gläschen, eben so, wie es am besten zu ihnen passt.

Obstbreie sind noch etwas einfacher selbst zu machen als Gemüsebreie – ein Apfel ist schnell gerieben und eine Banane schnell zerdrückt. Entscheiden Sie also individuell, ob Sie Gläschen oder selber kochen bevorzugen.

85. Was dürfen Babys im ersten Lebensjahr nicht essen?

Zum einen, wie bereits weiter oben erwähnt, ist Honig ein Tabu. Hinzu kommen roher Fisch, rohes Fleisch, Nüsse im Ganzen, rohe Getreide, außerdem Rohmilchprodukte und Eier. Zuckerhaltige Getränke und Speisen haben ebenfalls auf dem Speiseplan im ersten Lebensjahr nichts verloren. Auch Babykekse mit Zucker sind zu vermeiden – Sie können diese ganz einfach zuckerfrei selber backen. Bei Pancakes oder Waffeln zum Beispiel ist die Süße von Apfel oder Banane völlig ausreichend. Dass Babys keinen Alkohol erhalten dürfen, ist selbstredend; auch Schwarztee, Grüntee und natürlich Kaffee sind nichts für Babys.

Ernährung für die Mama – was der Vater wissen sollte

Was genau müssen Stillende eigentlich beachten in Bezug auf die Ernährung? Gibt es Lebensmittel, die Mütter gar nicht essen dürfen? Wie sieht es aus mit den Nährstoffen? Muss die frischgebackene Mama, wenn sie stillt, für zwei essen?

86. Wichtige Inhaltsstoffe für die Mama

In der Stillzeit muss die Mutter nicht nur sich selbst, sondern auch das Kind mit ausreichend Nährstoffen versorgen. Es ist also wichtig, auf eine ausgewogene Ernährung zu achten, auch wenn das manchmal im Baby-Trubel nicht ganz einfach ist.
Bestimmte Nährstoffe benötigt sie aber nicht – es gilt das, was sonst auch gilt. Alle Nährstoffe, die die Mutter braucht, braucht das Kind auch und bekommt diese auch in ausreichender Menge ab, wenn die Nahrung es hergibt. Das heißt, es sollte so oft wie möglich Obst und Gemüse auf dem Tisch stehen, viele hochwertige Kohlenhydrate und Fette, aber wenig Fast Food. Eigentlich also nichts Neues.

87. Lebensmittel

In Bezug auf die Auswahl der Lebensmittel ist man heute längst nicht mehr so streng wie noch vor wenigen Jahren. Sprich: Auch Stillende dürfen alles essen, worauf sie Lust haben. Mittlerweile geht man nämlich nicht mehr davon aus, dass Babys Blähungen bekommen, weil die Mutter Kohl gegessen hat, oder einen wunden Po, weil sie Orangen oder Erdbeeren gegessen hat. Erlaubt ist, was schmeckt.

Aber Vorsicht: Nicht erlaubt hingegen ist Alkohol, auch nicht in geringen Mengen.

88. Keine Diät beim Stillen!

Auch wenn der Bauch noch schlaff ist und der Anblick manchmal ganz schön frustrierend sein kann: Jetzt ist nicht die richtige Zeit für eine Diät! Ganz im Gegenteil. Bei einer Diät werden Schadstoffe aus dem Körper geschwemmt, die das Baby ungehindert durch die Muttermilch abbekommt. Für Diäten ist dann wieder Zeit, wenn Baby abgestillt ist. Viele Mütter nehmen durch das Stillen von ganz alleine ab, es braucht aber seine Zeit. Hier ist vor allem Geduld gefragt. Es ist der falsche Zeitpunkt, sich über eine tolle, straffe Figur Gedanken zu machen.

89. Essen für zwei?

In jedem Fall ist der Bedarf an Nährstoffen in der Stillzeit höher als sonst. Denn die Produktion von Milch verbraucht einiges an Energie und Kalorien. Stillende dürfen also ruhig die anderthalbfache Menge essen als sonst. Es kommt aber eher auf Qualität als auf Quantität an. Die Menge an Schokolade oder Chips zu erhöhen, ist sicherlich der falsche Weg. Wichtig sind hochwertige Kohlenhydrate aus Vollkornprodukten in Kombination mit Eiweißen, hochwertigen Ölen, Gemüse, fettarmem Fisch und Obst.

90. Fast Food?

Ihnen fehlt einfach die Zeit oder der Nerv zum Kochen? Verständlich, gerade am Anfang. Denn das Baby nimmt jede freie Minute in Anspruch – wie soll da noch Zeit bleiben für eine frisch gekochte Mahlzeit? Ganz so streng müssen Sie es auch nicht handhaben. Es ist okay, wenn nicht jeden Tag gekocht wird, mal etwas Schnelles auf dem Tisch steht oder eine Tafel Schokolade dran glauben muss. Unter dem Strich aber ist eine nährstoffreiche Ernährung sowohl für die Mutter als auch für das Kind wichtig.

91. Viel trinken!

Irgendwo muss die Milch ja herkommen. Stillende Mütter brauchen ausreichend Flüssigkeit für die Produktion der Milch. Empfohlen werden drei Liter täglich, geeignet sind Leitungswasser, Kräuter- und Früchtetees, aber auch Saftschorlen. Wenn die Frau zu wenig trinkt, kann es passieren, dass die Muttermilch knapp wird. Kaffee hingegen sollte nicht zu häufig konsumiert werden und wenn, dann am besten ohne Koffein. Selbiges gilt für Schwarztee aufgrund des darin enthaltenen Teins, was ähnlich wie Koffein aufputschend wirkt.

92. Folsäure beim Stillen

Nicht nur in der Schwangerschaft besteht ein erhöhter Bedarf an Folsäure, sondern auch beim Stillen. Oftmals reicht eine gesunde Ernährung aber trotzdem nicht aus, um diesen erhöhten Bedarf zu decken.

Reich an Folsäure sind Tomaten, Spinat, Kohl, Feldsalat, Erbsen, Weizen, Vollkornbrot. Weintrauben, Erdbeeren und Apfelsinen. Am besten, Sie fragen den Arzt, ob es ratsam ist, ein Folsäurepräparat einzunehmen.

93. Vegane und vegetarische Mütter, die stillen

Geht das? Mit ein wenig Know-how ja. Wer auf tierische Produkte komplett verzichtet, muss seine Ernährung gut planen. Wird auf ausreichend Vitamin B12 geachtet und auch sonst ausreichend Eiweiß und Eisen zugeführt, ist nichts dagegen einzuwenden. Es kann sinnvoll sein, mit einem Arzt oder einem Ernährungsberater, der sich damit auskennt, über dieses Thema zu sprechen oder sich zumindest umfangreich einzulesen. Dann aber spricht tatsächlich nichts dagegen, sich auch während des Stillens vegan oder vegetarisch zu ernähren.

94. Gute Energielieferanten beim Stillen

Die Hälfte der Energie, die die Mutter zu sich nimmt, sollte aus ballaststoffreichen Lebensmitteln stammen.

Ballaststoffreich sind generell alle Obst- und Gemüsesorten, darüber hinaus Kartoffeln, Süßkartoffeln, Hülsenfrüchte, Naturreis und Vollkornprodukte wie Nudeln, Brot und Reis.

Die darin enthaltenen Ballaststoffe liefern nicht nur jede Menge Energie, sie machen auch satt, regen die Verdauung an und beugen einer lästigen Verstopfung vor.

Fakten und Tipps über das Baby

95. Stuhlgang des Babys

Direkt nach der Geburt scheidet das Neugeborene das sogenannte Mekonium aus, auch Kindspech genannt. Dieser Stuhl ist schwarz oder grün und enthält Bestandteile, die sich noch vor der Geburt im Darm gesammelt haben: Fruchtwasser zum Beispiel.

Danach kann der Stuhlgang von Neugeborenen eine ganze Farbpalette belegen. Wird es gestillt, ist er senfbraun bis hellgelb, bei Flaschenkindern manchmal etwas dunkler. Erst wenn es Beikost bekommt, wird der Stuhlgang braun. Die Konsistenz ist breiig.

Bei Stillkindern ist übrigens von einmal am Tag bis einmal in sieben Tagen alles normal, solange es einen entspannten Eindruck macht und auch zunimmt.

96. Säugling, Neugeborenes, Baby und Kleinkind

Es sind nur Begrifflichkeiten, dennoch ist es ganz interessant zu wissen, wann welcher Begriff wofür verwendet wird. In den ersten 28 Tagen seines Lebens ist das Baby offiziell ein Neugeborenes, danach dann gilt es als Säugling, und zwar bis zum vollendeten ersten Lebensjahr. Ab einem Jahr spricht man von einem Kleinkind. Der Begriff Baby ist hingegen nicht definiert – umgangssprachlich verwendet man ihn meistens circa ein Jahr lang.

97. Menschenbabys werden viel zu früh geboren

Wussten Sie, dass jeder Mensch eigentlich eine Frühgeburt ist? Die menschliche Schwangerschaft von neun Monaten ist eigentlich viel zu kurz, da sind sich Forscher einig. Denn wenn das Menschenkind geboren wird, kann es weder sehen noch laufen, es drohen Unterkühlung und der plötzliche Kindstod. Es ist nach seiner Geburt schlichtweg hilflos und müsste eigentlich viel länger im Mutterleib verweilen. Unter den Tieren, zu denen der Mensch ja zählt, ist das einzigartig. Man vermutet folgenden Grund: Der Stoffwechsel der Frau bestimmt, wie lange der Mensch im Mutterleib verbleibt. Nach neun Monaten kann die Frau den Fötus schlichtweg nicht mehr mit genug Energie versorgen, weswegen er geboren wird.

98. Ab wann kann das Baby richtig sehen?

Babys können zwar direkt nach der Geburt schon sehen, aber nur eingeschränkt und nicht scharf. Sie erkennen verschiedene Helligkeiten, Muster und Formen, vor allem aber Kontraste zwischen Hell und Dunkel. Die beste Entfernung in den ersten Wochen zum Sehen liegt bei ca. 20 bis 25 cm vor dem Auge. Mit drei bis vier Monaten beginnt dann das räumliche Sehen und ein Einjähriges hat schon die halbe Sehkraft eines Erwachsenen.

99. Was kostet ein Baby?

Auch diese Frage sollte man nicht außer Acht lassen. Kinder sind ganz schön teuer! Glücklicherweise kommen die Kosten nicht alle auf einmal, sondern peu à peu. Am Anfang sind Babys meistens noch recht „günstig“, vor allem wenn sie gestillt werden. Außer der Erstanschaffung und den Windeln sind die Kosten überschaubar. Später kommen dann Kosten für die Kindertagesstätte, das Essen und Kleidung dazu.

Wenn man die Kosten hochrechnet, kommen bis zum 18. Lebensjahr des Kindes schnell mal rund 150.000 Euro zusammen.

100. Die Augenfarbe

Die allermeisten Neugeborenen haben unmittelbar nach der Geburt blaue Augen – aber eben nicht alle, auch wenn das immer wieder behauptet wird. Bei sehr vielen Babys verwandelt sich die Farbe der Augen aber nach wenigen Monaten aufgrund des Farbstoffs Melanin in Richtung Braun.

Babys, die von vorneherein mit braunen Augen zur Welt kommen, werden diese Augenfarbe meistens auch beibehalten.

101. Babys Haarpracht

Haare von Neugeborenen sorgen immer wieder für Gesprächsstoff. Sind sie dunkelblond? Oder hat es vielleicht gar keine? Eigentlich egal – denn in den ersten Lebensmonaten verlieren viele Babys ihre Haare entweder ganz oder zum Teil. Auch die Farbe kann sich ändern. Kinder, die mit rabenschwarzen Haaren geboren werden, haben oft wenige Monate danach einen deutlich helleren Farbton.

Liegt das Baby viel auf dem Rücken, kann sich dort eine kahle Stelle bilden, manchmal auch eine Art „Kranz“, wenn es zudem oft auf der Seite liegt. Keine Sorge, natürlich wachsen die Haare hier zu gegebener Zeit wieder nach.

102. Babys Wachstum und Gewichtszunahme im ersten Lebensjahr

In den ersten drei Lebensmonaten nimmt Baby pro Woche ca. 200 Gramm an Gewicht zu. Nach drei Monaten verlangsamt sich das dann ein wenig, es sind aber immer noch zwischen 100 und 150 Gramm Gewichtszunahme pro Woche, reduziert sich dann aber nach und nach bis zum ersten Geburtstag auf 100 Gramm Gewichtszunahme pro Woche. Nach dem ersten Lebensjahr stagniert es noch mehr.

In Bezug auf das Wachstum gilt: Im ersten halben Jahr wächst das Kind um ca. 30 Prozent, bis zwölf Monaten ist es um ca. 50 % größer als zur Geburt.

103. Babys an die Sonne?

Ein ganz klares Nein. Ein Baby gehört in seinem ersten Lebensjahr überhaupt nicht an die Sonne. Sonne ist gerade für die empfindliche Babyhaut schädlich. Das heißt, es sollte auch mit Sonnenschutz nicht der Sonne ausgesetzt werden und im Zweifelsfall ist es besser, die Arme mit einem dünnen Stoff zu bedecken und eine Mütze zu tragen, die die Sonnenstrahlen abhält. Aber auch im zweiten Lebensjahr sollte mit einem Baby die Mittagssonne noch gemieden werden.

Stillen

Ganz klar: Stillen ist die schönste und vor allem natürlichste Sache der Welt. Aber am Anfang auch ganz schön kompliziert und schmerzhaft. Bei den wenigsten Müttern klappt das mit dem Stillen gleich auf Anhieb und ohne Anleitung. Aber es gibt ja glücklicherweise gute Hebammen und Stillberaterinnen, die wertvolle Tipps auf Lager haben.

104. Still-Donuts für Ihre Partnerin basteln

Damit die wunden und empfindlichen Brustwarzen gut geschützt werden, können Sie aus einer Mullbinde ganz einfach sogenannte Brust-Donuts basteln. Eine Mullbinde aus der Apotheke oder Drogerie ist dafür ausreichend. Diese wird zu etwa 2/3 mit einer Hand locker um die aneinandergelegten Finger der anderen Hand gewickelt. Nun die Binde von der Hand nehmen und zu einem festen Ring rollen. Damit alles hält, mit dem Rest der Binde spiralförmig umwickeln. Das Ende können Sie einfach feststecken oder mit Pflaster festkleben. Fertig ist der Still-Donut, der im BH direkt um die Brustwarze herumgetragen werden kann.

105. „Brustneid“

Das gibt es tatsächlich: Väter, die eifersüchtig auf ihre Frau sind, weil diese das Kind stillen kann und somit eine vermeintlich engere Beziehung zu ihm aufbaut als er, der Mann. Leider ist das ein Tabuthema, weshalb Männer sich in der Regel auch nicht gerne offen dazu bekennen. Der Begriff ist schwammig, weil der Mann zumeist nicht wirklich auf die Brust neidisch ist, sondern auf die Tatsache, dass die Mutter das Baby ernähren kann und er außen vor ist. Aber Männer können bekanntlich die Nähe zu ihrem Baby auf andere Weise genauso intensiv und innig erleben: Indem sie es tragen zum Beispiel oder indem sie es massieren oder mit ihm schmusen.

106. Clusterfeeding

Was bedeutet eigentlich Clusterfeeding? Gemeint ist damit eine Art Still-Marathon. Das Kind will permanent an der Brust trinken und nuckelt daher ununterbrochen. Geht das vorbei? Bekommt das Baby überhaupt ausreichend Milch? Hier kann Entwarnung gegeben werden. Auch wenn das Baby plötzlich alle halbe Stunde an die Brust will, ist das zwar eine sensible Phase und manchmal ziemlich anstrengend, aber dennoch vorübergehend. Leider lassen sich viele Mütter verunsichern und greifen jetzt zur Flasche – genau dadurch erreichen sie aber nur das Gegenteil, nämlich dass der Stillstart gefördert wird. Will das Baby also über mehrere Stunden lang quasi ein Mehrgänge-Menü haben, dann ist Clusterfeeding übergangsweise absolut okay.

107. Milchstau

Keine Frau wünscht sich einen Milchstau. Er ist äußerst schmerzhaft und verleidet das Stillen leider ziemlich. Die Brust schmerzt und wird heiß, es kann zu leichten Rötungen und sogar zu Fieber kommen.

Milchstau liegt oft an Stress, an zu engen Kleidungsstücken oder der falschen Anlegetechnik. Die Hebamme kann hier meistens Abhilfe schaffen. Jetzt heißt es trotz Schmerzen weiter stillen so oft wie möglich, damit die Milch abfließen kann. Das Baby sollte mit dem Unterkiefer an den verhärteten Stellen angelegt werden. Es kann auch hilfreich sein, die Milch, die zu viel ist, einfach abzupumpen – allerdings nur so lange, bis der Druck nachlässt, weil die Milchproduktion dadurch aufs Neue angeregt wird.

108. Schmerzende Brustwarzen

Ein Babykiefer hat unglaublich viel Kraft. Stillen ist zwar eines der schönsten Dinge auf der Welt, am Anfang aber auch ziemlich schmerzhaft. Die meisten Mütter haben einmal oder mehrmals in der Stillzeit mit wunden Brustwarzen zu kämpfen. Eine Hebamme oder Stillberaterin kann hier eine kompetente Hilfe sein. Besser einmal zu viel nachfragen als einmal zu wenig!

Um schmerzende Brustwarzen zu vermeiden, sollte es die Mama bequem haben, das Baby sollte in der richtigen Position auf Höhe der Brustwarze liegen und die Stillposition sollte immer mal wieder gewechselt werden.

109. Saugverwirrung

Viele Eltern stellen sich das ziemlich easy vor: Ist die mütterliche Brust mal nicht greifbar, kann der Papa die abgepumpte Milch einfach aus der Flasche füttern. Doch das Baby macht hier ganz gerne mal einen Strich durch die Rechnung. Der Wechsel zwischen Brustwarze und Saugen an der Flasche kann nämlich zu einer Saugverwirrung führen. Die Technik des Trinkens an der Brust unterscheidet sich von der Flasche erheblich. Das Baby verlernt sozusagen durch das Trinken an der Flasche, manchmal aber auch durch den Schnuller, das Trinken an der Brust. Wenn das Baby dann erstmal eine Saugverwirrung hat, wird alles noch komplizierter. Um dem vorzubeugen, empfehlen Hebammen meistens, in den ersten Wochen komplett auf künstliche Sauger zu verzichten.

110. Abpumpen

Manchmal muss es sein, manchmal ist es eine einfache Option, um der Mutter ein Stück mehr Unabhängigkeit zu geben: das Abpumpen. Dann kann jemand anders, zum Beispiel der Papa, das Füttern übernehmen. Soweit die Theorie. In der Praxis klappt dies mitunter aber nicht (siehe Saugverwirrung).

Wenn abgepumpt wird, kommt es auch auf die Art der Pumpe an. Mit einer Handpumpe kann es ziemlich anstrengend sein, richtig gut klappt es meistens mit einer elektrischen Pumpe, die allerdings auch ziemlich kostspielig ist, die man aber häufig in der Apotheke ausleihen kann.

111. Tee zufüttern?

Früher wurde noch häufig empfohlen, dem Baby ungezuckerten Tee zu füttern, vor allem, wenn es draußen warm ist. Mittlerweile weiß man jedoch, dass das nicht nur unnötig, sondern mitunter auch schädlich ist. Voll gestillte Kinder sind mit der Muttermilch, und ausschließlich damit, rundum versorgt. Es wäre ja auch seltsam, wenn die Natur es sich so gedacht hätte, dass stillende Mütter noch mit der Flasche nachhelfen müssen.

Also: Ein voll gestilltes Baby braucht, wenn es genügend trinkt, keinen Tee, kein Wasser und auch sonst nichts, sondern ausschließlich Muttermilch.

112. Stillen – wie lange?

Verständlicherweise scheiden sich an dieser Frage schon immer die Geister. Es gibt keine Vorgaben. Empfohlen wird offiziell, das Baby sechs Monate lang voll zu stillen und dann nach und nach von der Brust abgewöhnen. Wann dann der Zeitpunkt erreicht ist, dass das Kind absolut nicht mehr an der Brust trinken darf, das entscheiden allein Mutter und Kind. Manchmal stillt sich das Baby von selbst ab, manchmal hat die Mutter einfach die Nase voll und will die Stillbeziehung beenden.

Es ist also eine ganz individuelle Entscheidung, es gibt kein gut oder schlecht und wenn eine Mama ihr Kind noch mit zwei Jahren dann und wann stillt, ist auch dagegen nichts einzuwenden. Man bedenke: Muttermilch ist für das Kind gemacht und nicht etwa Kuhmilch, die man dem Kind meistens direkt nach dem Stillen zufüttert. Was mag wohl besser für ein Menschenbaby sein? Eben.

113. Brustwarzenstift oder Salbe

Sind die Brustwarzen wund und entzündet, kann ein spezieller Brustpflegestift oder eine Salbe Abhilfe schaffen und die Heilung fördern. Ein heilungsfördernder Inhaltsstoff ist zum Beispiel Calendula. Die Hebamme weiß hier in der Regel Rat. Wichtig ist, den Stift bzw. die Salbe nach dem Stillen aufzutragen, damit das Baby nicht alles abbekommt und die Inhaltsstoffe ihre Wirkung entfalten können.

114. Stillstreik

Was tun, wenn das voll gestillte Baby von jetzt auf nachher einfach die Brust verweigert? Dann könnte es sich um einen sogenannten Stillstreik handeln. Das Baby tritt also in Streik und trinkt einfach nicht mehr – das kann verständlicherweise ziemlich nervenaufreibend sein. Denn irgendwo muss es ja schließlich seine Nahrung herbekommen. Babys legen oftmals Stillstreik ein, wenn ihnen alles zu viel wird. Zu viel Besuch, zu viel Hektik, zu viel Hin und Her – dann verweigern sensible Babys einfach die Brust. Oftmals geht das Verhalten mit ziemlich viel Geschrei einher. Baby beschwert sich lautstark und macht einen unzufriedenen Eindruck. Man sagt aus diesem Grund übrigens auch Brustschimpfphase dazu.

Was dagegen hilft: viel Ruhe, ein ruhiger Raum mit gedämmtem Licht, kann Wunder bewirken.

Alles zum Tragen des Babys

Tragen Sie Ihr Baby ins Leben! Tragen wirkt sich auf Baby positiv aus, es fördert die Eltern-Kind-Beziehung, es ist aus ergonomischer Sicht sinnvoll und das Baby spürt Sicherheit. Kein Wunder: Die ersten 40 Lebenswochen wurde Baby schließlich auch getragen im Bauch der Mutter, wo es angenehm warm war, es beruhigend schaukelte und es den Herzschlag der Mutter spüren konnte. Alles spricht dafür, Babys viel zu tragen. Es gibt aber einiges zu beachten.

Eine Bemerkung vorab: Mit einer Tragehilfe ist im nachfolgenden Kapitel als Überbegriff jede Art von Trage gemeint, die im Einzelnen noch näher definiert wird.

115. Unterschiedliche Tragetechniken

Babys und Ungeborene können auf etliche Arten getragen werden: vor dem Bauch, auf dem Rücken, auf der Hüfte etc. Neugeborene werden mit anderen Techniken getragen als Babys, da sie den Kopf noch nicht halten können. Generell ist wichtig, dass der Rücken gut stabilisiert und der Nackenbereich gestützt wird. Gerade beim Tragetuch ergeben sich etliche Tragetechniken, die teilweise ganz einfach, teilweise etwas komplizierter sind. Es reicht, wenn Sie zwei bis drei Tragetechniken kennen, dann sind Sie gut gerüstet.

116. Tragen ganz ohne Tragehilfe, nur im Arm?

Selbstverständlich können Sie Ihr Baby auch ganz ohne Tuch, Tragehilfe etc. tragen. In vielen Fällen werden Sie das auch tun. Aber: Egal, wie Sie Ihr Baby tragen, irgendwann wird sich das im Rücken bemerkbar machen, da Sie einseitig belastet werden. Mit einer Trage ist das anders. Je nach Art der Trage wird der Rücken deutlich entlastet und, was ebenfalls wichtig ist: Sie haben beide Hände frei. Wenn Ihr Baby also viel getragen werden soll, ist es definitiv eine gute Idee, dies in einer Tragehilfe zu tun, da Sie dann mit beiden Händen etwas anderes erledigen können.

117. Woran erkennt man eine gute Tragehilfe?

Dafür gibt es mehrere Kriterien. Zum einen: Informieren Sie sich bei der Hebamme oder der Trageberaterin, im Freundeskreis und in Foren nach Erfahrungsberichten.

Ansonsten gilt: Der Steg zwischen den Beinen sollte in der Breite variabel sein, der Rücken des Kindes soll durch den Stoff unterstützt werden. Am besten, der Hersteller wirbt NICHT damit, dass man das Kind mit dem Gesicht nach vorne tragen kann. Bei derlei Tragehilfen ist in der Regel der Steg viel zu schmal.

Der Kopf des Neugeborenen sollte optimal gestützt werden können. Die Schultergurte sollten weich gepolstert sein, ebenso der Hüftgurt. Nur dann werden die Schultern und der Rücken ausreichend entlastet beim Tragen.

118. Tragesysteme nach Alter

Welches Tragesystem wann verwendet werden kann, ist vor allem vom Alter abhängig. Nicht alle Systeme sind nämlich schon für das Tragen von Neugeborenen konzipiert. Sollte Ihnen das wichtig sein, dann achten Sie unbedingt beim Kauf darauf. Außerdem sind nicht alle Tragehilfen für das Tragen von Frühchen geeignet, sondern erst ab ca. 3,5 oder 4 Kilogramm zu empfehlen. Für ältere Kinder kann beispielsweise für Wanderungen auch eine Rückenkraxe gekauft werden.

119. Tragetuch

Ein Tragetuch wird von den meisten Hebammen und Trageberaterinnen vor allem in den ersten Lebenswochen empfohlen. Der Vorteil: Es lässt sich zu 100 % individuell auf das Kind und seine Größe einstellen. Es wächst sozusagen stufenlos mit. Nachteil: Das Binden ist nicht jedermanns Sache und erfordert einiges an Übung. Man kann einiges dabei falsch machen. Wer den Dreh erst mal raus hat, kommt aber in der Regel gut damit klar. Das Tragetuch sollte kreuzelastisch gewebt sein, damit es leicht nachgibt. Die Länge ist ausschlaggebend darüber, welche Tragetechnik damit gemacht werden kann. Wichtig: Gerade für Neugeborene wird ein langes Tuch benötigt, Mindestlänge 4,60 Meter. Erst für den Hüftsitz, der ca. mit einem halben Jahr gebunden werden kann, ist ein kurzes Tuch ebenfalls ausreichend.

120. Elastisch oder nicht?

Soll das Tragetuch elastisch sein oder nicht? Die Bezeichnung elastisch bezieht sich auf Tragetücher, bei denen der Stoff wirklich nachgibt. Sie müssen allerdings anders gebunden werden wie andere Tragetücher und können nicht so lange verwendet werden, weil Kinder mit einem Gewicht von mehr als zehn Kilo damit irgendwann nicht mehr gut sitzen. Elastische Tragetücher werden oftmals für Neugeborene oder Frühchen empfohlen.

121. Tragegurt

Ein Tragegurt ist erst dann geeignet, wenn das Kind sicher sitzen kann. Es handelt sich dabei nur um einen Gurt, der um die Hüfte befestigt wird mit einer verstärkten Stelle, auf dem das Baby dann sitzen kann. Allerdings muss man das Kind immer mit einer Hand festhalten, dass es nicht irgendwie festgebunden wird. Der Vorteil: Die Verdickung entlastet beim Tragen auf der Hüfte den Rücken. Der Tragegurt kann wahlweise und wechselnd rechts und links getragen werden, um eine einseitige Belastung der Hüfte zu vermeiden.

122. Mei Tai Tragesystem

Mei Tai Tragesysteme gibt es schon ganz lange, sie stammen aus dem asiatischen Raum. Das Rückenteil ist grob rechteckig, weiterhin gibt es einen meist gepolsterten Hüftgurt und zwei lange Schulterträger aus weichem Stoff. Diese werden auf dem Rücken des Tragenden überkreuzt und unter dem Po des Kindes verknotet. Ein Mei Tai kann bereits ab Geburt verwendet werden und von der Tragezeit so lange, wie es der Tragende von Gewicht des Babys her aushalten kann. Mit 15 Kilo wird das Tragen in der Mei Tai meistens anstrengend und schwierig. Dann kann immer noch auf ein anderes Tragesystem umgestiegen werden. Der Mei Tai ist einfach anzulegen, fördert die ergonomische Spreizhaltung, kann auf dem Bauch und dem Rücken getragen werden und es gibt etliche Größen und Modelle.

123. Tragetuch oder Komforttrage?

Das kann so nicht pauschal beantwortet werden. Wer viel trägt – am besten beides. Es gibt aber Paare, die kommen jahrelang nur mit dem Tragetuch aus, andere entscheiden sich von Anfang an für eine gute Komforttrage. Individuell sind hier die Vorlieben sehr verschieden. Wer mit dem Binden des Tragetuchs überfordert ist, ist mit einer anderen Tragehilfe in jedem Fall besser beraten. Weil der Kauf von Tragetuch plus Komforttrage ziemlich ins Geld geht, schauen Sie sich doch im Zweifelsfall nach einer gebrauchten Trage um. Der Markt ist geradezu überschwemmt von Tragehilfen.

Das Tragen mit dem Tragetuch ist übrigens deutlich belastender für den Rücken des Tragenden als mit einer Komforttrage, bei der das Gewicht des Kindes optimal auf den Rücken, die Schultern und die Hüfte verteilt wird.

124. Was ist eine Halfbuckle?

Wer mit den langen Bauchgurten des Mei Tai nicht klarkommt, der kann sich nach einer etwas komfortableren Möglichkeit umschauen, zum Beispiel einer Halfbuckle. Diese ist ganz ähnlich wie ein Mei Tai konzipiert, nur sind die Hüftgurte nicht einfach aus Stoffbahnen bestehend, sondern kürzer und mit eine Schnalle oder einem Klettverschluss ausgestattet. Das nimmt den Druck von den Schultern und wird gerade bei schwereren Kindern als angenehmer empfunden. Eine Halfbuckle kann meistens von Geburt an verwendet werden und dann bis ca. 15 Kilogramm. Vorteil: Das Anlegen ist etwas einfacher als bei einem Mei Tai.

125. Was ist eine Fullbuckle?

Eine Fullbuckle ist noch etwas komfortabler als eine Halfbuckle. Es handelt sich dabei um eine sogenannte Komforttrage oder Vollschnallentrage. Es gibt keine Gurte zum Knoten, alles wird mit Schnallen befestigt. Das heißt, es gibt auch keine langen Stoffbahnen und kein Gewickele, wenn das Kind an den Körper gebunden wird. Viele empfinden das eindeutig als Vorteil. Wie alles hat das aber auch seine Nachteile. Wird die Fullbuckle von mehreren, unterschiedlich großen und breiten Personen benutzt, muss sie immer wieder neu eingestellt werden. Die Anwendung ist allerdings ganz einfach und man kann das Baby auch hiermit sowohl auf dem Bauch als auch auf dem Rücken tragen.

126. Ring Sling

Ein Ring Sling ist ein Tragetuch, welches an beiden Enden einen Ring hat, mit dem die Enden befestigt werden. Viele finden das im Vergleich zu einem anderen Tuch etwas einfacher. Allerdings lassen sich mit einem Ring Sling nicht alle Tragetechniken realisieren. Wird er richtig angelegt, kann er bereits für Neugeborene verwendet werden, ansonsten ist er ideal, wenn das Kind bereits sitzen kann und auf der Hüfte getragen wird.

127. Anhock-Spreiz-Stellung

Ganz wichtig ist die sogenannte Anhock-Spreiz-Stellung beim Tragen. Das heißt, das Baby sollte so sitzen, dass es mit den Beinen die M-Position einnimmt. Die Unterschenkel baumeln frei herunter, während der gesamte Oberschenkel oder ein Großteil davon gestützt wird. Beim kleinen Baby reicht der Stoff bis in die Kniekehlen. Das ist wichtig für eine gesunde Entwicklung der Hüfte. Tragehilfen, bei denen der Steg zwischen den Beinen zu schmal ist, bieten die Möglichkeit der Anhock-Spreiz-Stellung nicht und sind daher auch nicht zu empfehlen.

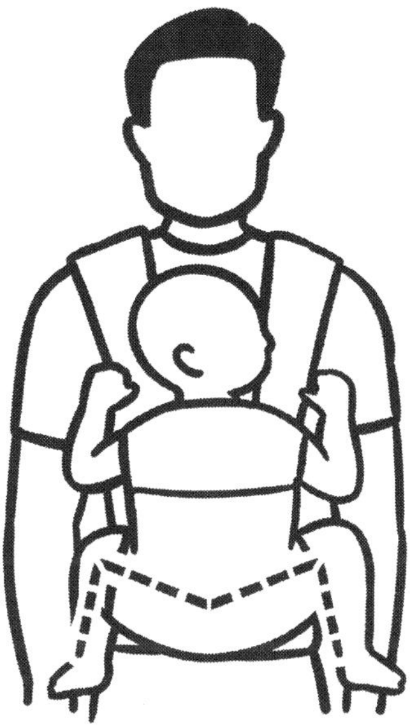

128. Der Steg

Der Steg ist der Teil Stoff, der sich zwischen den Beinen und unter dem Po des Kindes befindet. Im Idealfall reicht er bis zu den Kniekehlen und schneidet nicht etwa in die Oberschenkel ein. Daher sind Tragetücher ideal. Weil bei ihnen durch die richtige Tragetechnik der Steg individuell in der Breite eingestellt werden kann. Viele hochwertige Tragehilfen bieten die Möglichkeit, dass der Steg in der Breite erweitert bzw. variiert werden kann – das ist das A und O für eine gute Tragehilfe!

129. Kopfkusshöhe

Kopfkusshöhe ist eine Bezeichnung dafür, auf welcher Höhe sich Baby befinden sollte, wenn es im Tragetuch oder in einer anderen Tragehilfe sitzt. Das heißt, Mama oder Papa sollten den Kopf bequem küssen können. Befindet sich der Kopf des Kindes vor der Nase, sitzt es demzufolge zu hoch, kann der Kopf nicht mehr mit dem Mund zum Küssen erreicht werden, sitzt es zu tief. Die Kopfkusshöhe gilt für die ersten Lebenswochen und Monate.

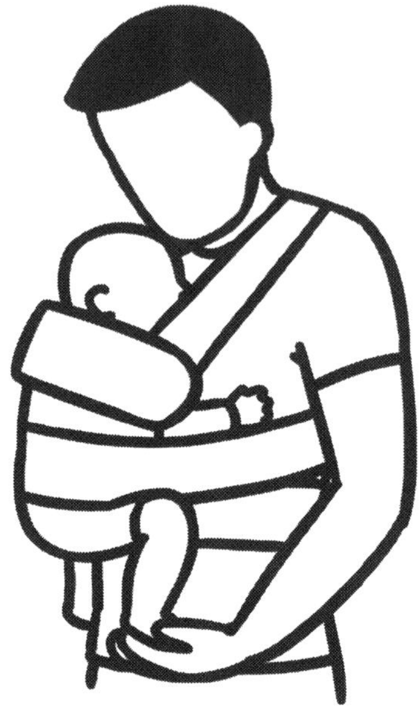

130. Baby auf dem Rücken tragen: Ab wann?

Die ersten Lebensmonate sollte das Baby ausschließlich auf dem Bauch getragen werden. Erst später, wenn es sitzen kann, ist das Tragen auf dem Rücken auch eine gute Option, Baby behält dann den Überblick und bekommt viel zu sehen – in dem Alter ist das dann auch in Ordnung – und der Tragende hat vorne freie Sicht und mehr Handlungsfreiheit. Allerdings ist das Tragen auf dem Rücken etwas schwieriger zu bewerkstelligen, vor allem wenn man alleine ist.

131. Füße und Köpfchen warmhalten

Beim Tragen sollten Sie darauf achten, dass vor allem die Füße und das Köpfchen des Babys warm sind. Auf den Kopf also je nach Temperatur eine Mütze ziehen und bei wirklich kalten Temperaturen das Baby entweder unter die Jacke nehmen oder ihm spezielle Trageschuhe oder -stiefel anziehen. Das hält die Füße und Beine warm. Da man sich gegenseitig Wärme abgibt in der Trage, sollten Sie Ihr Kind generell nicht zu dick anziehen.

132. Tragejacke oder -cover

Wer wirklich viel trägt, der kann sich gerade in der kalten Jahreszeit über die Anschaffung eines Tragecovers oder einer Tragejacke Gedanken machen. Denn: Das Baby in der Trage auf die dicke Winterjacke obendrauf zu ziehen, ist etwas unpraktisch. Unter die eigene Jacke ziehen ist aber meistens schwierig, weil nicht genug Platz da ist und die Jacke dann nicht mehr geschlossen werden kann. Tragejacken sind allerdings ziemlich teuer, ein Tragecover kann hier eine gute Alternative sein. Es wird einfach über die Trage gezogen und kann sowohl unten als auch oben an der Trage oder der Jacke des Tragenden befestigt werden.

133. Vorteile der Tragehilfe gegenüber dem Kinderwagen

Hat eine Tragehilfe dem Kinderwagen gegenüber Vorteile? In jedem Fall! Sie nimmt deutlich weniger Platz weg, wenn sie mitgenommen wird. Das Kind ist direkt am Körper und spürt den Herzschlag. Bei Veranstaltungen im Freien ist das mit dem Kinderwagen so eine Sache, weil er viel zu viel Platz braucht und oft im Weg steht. Besser ist es dann allemal, das Baby direkt auf dem Bauch zu haben. Auch im Haus kann ein Tragetuch oder eine andere Trage problemlos verwendet werden.

134. Mehrere Tragen anschaffen?

Braucht man mehrere Tragehilfen? Braucht man vielleicht sogar ein Tragetuch und eine Komforttrage? Wenn Sie Ihr Kind viel tragen wollen, ist das sicher keine schlechte Idee. Es gibt sogar Eltern, die mit Tragehilfen besser auskommen als mit Kinderwagen und daher auf Letzteren verzichten. Optimal ist es, am Anfang ein Tragetuch zu verwenden und später dann auf eine sogenannte Komforttrage umzusteigen. Außerdem kommt nicht jeder mit der gleichen Art von Trage zurecht. Möglicherweise ist die Mama mit einer anderen Tragehilfe glücklicher als der Papa. Die Investition lohnt sich in jedem Fall.

135. Baby nach vorne schauen lassen?

Bitte nicht! Glücklicherweise hat es sich mittlerweile bei den meisten herumgesprochen, dass das Baby nie mit dem Gesicht nach vorne getragen werden sollte. Manche Eltern denken, sie tun ihm damit einen Gefallen, weil es dann mehr sieht und mehr „erlebt“. Zum einen aber ist die Haltung mit dem Gesicht nach vorne völlig unnatürlich und es kann z.B. die Anhock-Spreiz-Stellung gar nicht wahrnehmen. Zum anderen wird die natürliche Rundung des Rückens nicht unterstützt, sondern das Baby gerät ins Hohlkreuz. Der wichtigste Aspekt aber ist, dass es zu einer Reizüberflutung kommen kann. Baby wollen sich immer mal wieder an die Mama oder den Papa kuscheln, mit dem Gesicht nach vorne sind sie allen Reizen hilflos ausgeliefert. Wenn Ihr Baby neugierig ist und viel sehen will, tragen Sie es auf der Hüfte oder auf dem Rücken, aber auch da mit dem Gesicht zum Tragenden.

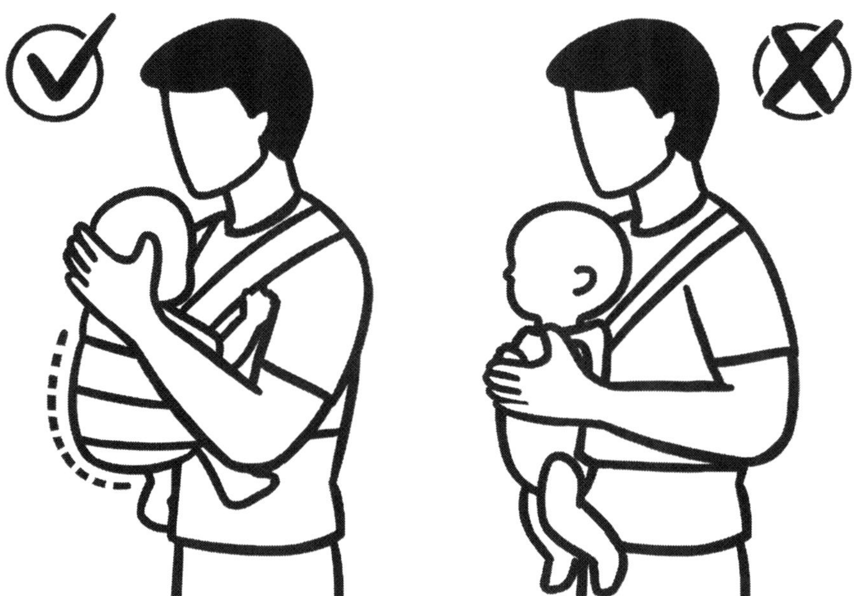

136. Menschenbaby = Tragling

Babys sind Traglinge! Ein Aspekt, den viele Eltern nicht wissen oder kennen. Vergleichen wir den menschlichen Säugling doch mal mit anderen Säugetieren: Entweder sind es Nesthocker oder Nestflüchter. In beide Kategorien passt das Menschenkind aber nicht hinein. Warum? Weil es aus biologischer Sicht ein Tragling ist, genau wie auch Koalabären, Kängurus oder Affen. Dabei gibt es aber noch eine Unterscheidung zwischen aktivem und passivem Tragling: Der aktive Tragling hält sich fest, der passive Tragling hingegen wird einfach getragen.

Übrigens: Wenn Sie Ihr Baby hochheben, achten Sie auf die Position der Beine. Die ist von Natur aus ähnlich wie bei einem Klammeraffen. Die Natur hat es so vorgesehen, dass Babys am Körper ihrer Mutter getragen werden. Auch der unmittelbar nach der Geburt schon vorhandene Greifreflex deutet darauf hin.

137. Zu viel tragen = verwöhnen?

Leider haben immer noch viele Eltern Sorge, sie könnten ihren Nachwuchs verwöhnen, wenn sie ihn zu viel umhertragen. Das ist aber eindeutig falsch. Im Gegenteil: Tragen vermittelt Geborgenheit und Sicherheit. Wird das Kind weggelegt, fühlt es sich alleine. Alle Naturvölker tragen ihre Babys am Körper, auch diese Kinder sind nicht allesamt verwöhnte Kinder. Im Gegenteil: Es entspricht ihrem Naturell. Also: Tragen Sie Ihr Kind, wenn es ihm guttut. Verwöhnt wird es dadurch, dass man ein Grundbedürfnis stillt, ganz bestimmt nicht. Über das Verwöhnen können Sie sich noch in ein paar Jahren Gedanken machen, aber nicht jetzt, ganz am Anfang des Babylebens.

138. Kann das Kind in der Trage ersticken?

Theoretisch ist das natürlich möglich, in der Praxis aber kann man die Frage mit nein beantworten. Babys ersticken in der Trage genauso wenig wie beim Stillen. Auch wenn die Nase vom Stoff bedeckt ist oder Baby eine Nase im Pullover der Mama oder vom Papa versteckt – erstickt ist wohl darin noch niemals ein Kind. Im Gegenteil: Das Baby wird ja hin- und herbewegt, was auch beim gefürchteten plötzlichen Kindstod ein Aspekt ist, der das Ersticken verhindert. Allerdings ist es empfehlenswert, keine Kleidung zu tragen mit langen Haaren oder Fusseln, in die das Baby seine Nase hinein gräbt.

139. Tragen von Frühchen und Zwillingen

Die meisten Tragehilfen sind für das Tragen von Frühchen nicht geeignet. Frühchen tragen Sie daher am besten mit einem elastischen oder normalen Tragetuch und steigen dann bei Bedarf später auf eine andere Trage um.

Das Tragen von Zwillingen ist nicht gerade einfach. Es gibt nur wenige Zwillingstragen auf dem Markt und schnell ist man in Bezug auf das Gewicht körperlich am Limit. Wer viel Geduld hat und mit dem Binden von Tragetüchern klarkommt, kann mit zwei Tragetüchern beide Kinder gleichzeitig tragen, auf jeder Seite eins. Ganz einfach ist das aber nicht.

140. Ratlos? Dann holen Sie sich Rat!

Sie sehen schon: Das Thema Tragen ist ausgesprochen komplex. Wenn Sie jetzt erst recht verwirrt sind, dann schauen Sie sich in Ihrer Nähe nach einer qualifizierten Trageberatung um. Hier können Sie zum einen verschiedene Tragesysteme ausprobieren, zum anderen können Sie sich genau zeigen lassen, welche Trage wie angewendet wird und wie man ein Tragetuch richtig bindet. Achtung: In den gängigen Babyläden sind die Verkäuferinnen in aller Regel überhaupt nicht mit der komplexen Thematik vertraut. Sie sollten also jemanden aufsuchen, der sich mit dem Thema gut auskennt: eine Trageberaterin oder eine Hebamme.

141. Mein Kind will nicht getragen werden!

Kann es sein, dass Baby das Tragen hassen? Ja und nein. Normalerweise liebt jedes Kind das Getragenwerden. Falls es aber gerade Hunger oder anderweitig Kummer hat, kann es natürlich sein, dass es in dem Moment eben nicht getragen werden will. Versuchen Sie es später noch mal. Viele Babys weinen erst mal, wenn sie in der Trage sitzen. Laufen Sie ein paar Runden und Sie werden sehen, in den allermeisten Fällen wird sich das Baby beruhigen, wenn nicht sogar einschlafen. Versuchen Sie es immer mal wieder mit der Trage, probieren Sie mehrere Tragehilfen aus, denn es gibt nur sehr wenig Babys, die überhaupt nicht getragen werden wollen. Hier ist, wie so oft, ein wenig Geduld gefragt.

Windeln und Wickeln

Wenn man bedenkt, dass Kinder die ersten drei Lebensjahre lang täglich mehrere Windeln brauchen, ist das ein Thema, dem Sie durchaus ein wenig mehr Aufmerksamkeit widmen können. Windeln werden Sie also die ersten Jahre über begleiten, manchmal trägt das Kind nachts sogar noch deutlich länger eine Windel. Wegwerfwindeln sind ziemlich teuer und sie verursachen regelrechte Müllberge. Stoffwindeln sind aber nicht jedermanns Sache. Überlegen Sie sich genau, was am besten zu Ihnen passt.

142. Windelarten

Sicherlich haben Sie sich über das Thema Windeln schon längst Gedanken gemacht. Immerhin braucht ein Baby, bis es sauber ist, zwischen 5.000 und 6.000 Windeln – das ist eine ganze Menge und es geht auch ziemlich ins Geld. Generell haben Sie die Wahl zwischen Wegwerfwindeln und Stoffwindeln und in beiden Fällen müssen Sie sich klar darüber werden, welche Marke es denn sein soll. Hier hilft nur: Probieren geht über Studieren. Wegwerfwindeln sind praktischer, vor allem unterwegs, dafür sparen Sie mit Stoffwindeln eine Menge Müll und Geld und tun nebenbei noch etwas für die Umwelt.

143. Tipps fürs Wickeln

Die meisten Babys hassen das Wickeln regelrecht. Bei Neugeborenen liegt das meistens daran, dass sie dabei ausgezogen werden und schlichtweg frieren. Ein Heizstrahler über dem Wickeltisch kann hier Abhilfe schaffen. Größere Babys hassen das Wickeln, weil sie es nicht mögen, an- und ausgezogen zu werden, schließlich könnten sie in dieser Zeit andere Dinge tun – spielen zum Beispiel. Manchmal kann es hilfreich sein, das Wickeln regelrecht zum Ritual zu machen und mit dem Baby zu spielen, zu singen oder es zu massieren. Bei größeren Babys klappt das Wickeln auf dem Boden übrigens oftmals einfacher als auf dem Wickeltisch.

144. Wickeltasche

Eine Wickeltasche sollten Sie auf jeden Fall haben, denn wenn unterwegs eine Windel gewechselt werden muss, haben Sie darin alles, was Sie brauchen, dabei und greifbar: frische Windeln, Feuchttücher, einen Beutel zum Aufbewahren der Windel etc.

Manche Eltern entscheiden sich statt der Wickeltasche auch für einen Wickelrucksack, der einfach auf den Rücken gezogen werden kann und auch nach der Wickelzeit noch treue Dienste leistet.

145. Stoffwindeln früher und heute

Stoffwindeln werden immer beliebter – auch wenn sie leider teilweise immer noch einen negativen Ruf haben. Fakt ist, dass Sie mit Stoffwindeln einen ganzen Berg an Müll sparen können und nicht nur das: Sie sparen auch Geld, wenn Ihr Baby waschbare Windeln trägt. Pro Baby müssen sie mit 5.000 Wegwerfwindeln rechnen, diese müssen zum einen hergestellt, zum anderen bezahlt und am Schluss auch entsorgt werden. Umweltfreundlich ist das nicht.

Heutige Stoffwindeln haben mit den früheren Modellen so gar nichts mehr gemeinsam. Auf dem Stoffwindelmarkt hat sich nämlich sehr viel verändert in den letzten Jahren – vielleicht finden Sie ja eine Stoffwindelberatung in Ihrer Nähe, es ist auf jeden Fall eine gute Idee, über diese Alternative zumindest mal nachzudenken und die Vorurteile über Bord zu werfen.

146. Windelservice

Vielleicht würden Sie die Sache mit den Stoffwindeln ja gerne einmal probieren, wollen aber die Windeln auf keinen Fall selber waschen? Dann erkundigen Sie sich doch einmal, ob es in Ihrer Nähe einen Windelservice gibt, der die schmutzigen Windeln abholt und gleich mit frisch gewaschenen austauscht. Dieser Service kann sich lohnen: Sie können Ihr Baby mit Stoffwindeln wickeln, haben aber keine Wäscheberge.

147. Leasing Windeln

Falls Sie mit Stoffwindeln liebäugeln: Die Erstanschaffung ist ziemlich teuer. Oftmals landen die Windeln dann doch in der Ecke und dann ist es schade um das Geld. Im Internet gibt es eine ganze Menge an Anbietern, bei denen Stoffwindeln verschiedener Hersteller gemietet oder geleast werden können. Das hat zum einen den Vorteil, dass Sie nicht alles auf einmal zahlen müssen, zum anderen können Sie dann meistens gleich mehrere Windelsysteme ausprobieren und testen, ob Stoffwindeln Ihnen und Ihrem Baby überhaupt liegen.

148. Aufbewahrung von Stoffwindeln

Wo bewahrt man eigentlich Stoffwindeln auf? Ganz einfach in einer Tonne, und zwar ohne Einweichen. In moderne Stoffwindeln legt man ein Vlies, mit dem der Stuhlgang in der Toilette entsorgt wird. Übrig bleibt eine nasse Windel, die Sie einfach in die Tonne werfen, so lange, bis der Eimer voll ist und eine Maschine voll Windeln gewaschen werden kann. Keine Sorge: Das stinkt nicht mehr und nicht weniger als ein Eimer mit Wegwerfwindeln.

149. Statt Feuchttücher Läppchen

Feuchttücher sind zwar praktisch, sie beinhalten aber, genau wie auch Wegwerfwindeln, ziemlich viele Chemikalien, die nicht immer hautfreundlich sind. Außerdem machen sie Müll und sind auch nicht ganz billig. Statt der Feuchttücher können Sie einfach Baumwollläppchen verwenden, die Sie entweder mit Wasser befeuchten oder auf die Sie etwas Öl geben. Wenn Sie mit Stoffwindeln wickeln, können diese Lappen ganz einfach in der Maschine gewaschen werden. Andernfalls spülen Sie die Stofflappen einfach nach jedem Windelwechsel kurz unter dem Wasserhahn aus.

Baby schreit - wieso? Was tun?

Babys schreien. Das ist mal ganz generell nichts Neues. Dennoch wundern sich viele Eltern darüber, dass ihr Kind nun doch deutlich mehr schreit, als sie es angenommen oder erwartet hätten. Und Babyschreien kann ganz schon an den Nerven zehren, vor allem, wenn man nichts dagegen tun kann.

Ist das Kind ein Schreibaby? Wie kann man es nur trösten, das Würmchen, wenn es schreit und schreit? Hier gibt es jede Menge Tipps, mit denen Sie auf Babys Schreien reagieren können. Aber: Jedes Kind ist anders, nicht jedem Baby hilft das Gleiche. Es bleibt also nichts anderes übrig, als auszuprobieren.

150. Ist mein Kind ein Schreibaby?

Schnell fragen sich Eltern, ob ihr Kind vielleicht ein Schreibaby ist, wenn es für ihren Geschmack „zu viel" oder überdurchschnittlich viel schreit. Es gibt aber tatsächlich eine Definition für Schreibabys. Als Schreibaby gilt offiziell ein Baby, welches an drei Tagen in der Woche mehr als drei Stunden lang schreit, und das über mehr als drei Wochen hinweg.

Was normal ist oder nicht, lässt sich immer nur sehr schwer definieren. Im Durchschnitt schreien Babys bis zur 6. Lebenswoche eineinhalb Stunden am Tag, danach wird es sogar eher etwas mehr mit 2,5 Stunden täglich. Ab der 16. Lebenswoche etwa reduziert sich das Schreien dann wieder auf eine Stunde pro Tag.

151. Schreibaby in anderen Kulturen

Interessant ist die Frage, ob es in anderen Kulturen eigentlich auch Schreibabys gibt oder ob dieses Phänomen nur in den westlichen Ländern bekannt ist. Und tatsächlich: Das Phänomen Schreibaby ist in anderen Kulturen nur wenig bis gar nicht bekannt. Kinder schreien dort einfach! Kein Mensch würde auf die Idee kommen, zu sagen, dass es sich dabei um ein Schreibaby handelt. In anderen Kulturen geht man aber mit Babys auch anders um. Sie wachsen im Familienverbund mit mehreren Generationen unter einem Dach auf, einer hilft dem anderen und das Kind hat mehrere Kontaktpersonen um sich herum. Außerdem besteht dort nicht der Druck, alles richtig machen zu müssen. Man sieht es schlichtweg gelassener und entspannter.

152. Elternversagen?

Verständlich, dass viele Eltern sich selbst die Schuld daran geben, wenn ihr Nachwuchs schreit und sie es nicht beruhigen können. „Dann haben wir als Eltern wohl versagt." Aber natürlich ist das Nonsens. Wenn Eltern ihr Baby nicht beruhigen können, heißt das noch lange nicht, dass sie keine guten Eltern sind. Ganz im Gegenteil: Das geht allen Eltern irgendwann einmal so. Das Geschrei ihres Babys richtig zu interpretieren, das können wohl nur die wenigsten Eltern. Sie können also beruhigt sein: Ob Sie Ihr Baby nun beruhigen können oder nicht, ist kein Maß dafür, ob Sie gute Eltern sind oder sein werden.

153. Warum Babys schreien

Warum schreien Babys überhaupt? Ganz einfach: Sie haben keine andere Möglichkeit, sich mitzuteilen. Was bleibt ihnen also übrig? Sprechen können sie schließlich noch nicht, also müssen sie, wenn ihnen irgendetwas nicht passt, sie einen Kummer oder Schmerz haben oder sich über etwas beklagen wollen, auf das Schreien zurückgreifen. Es ist die einzige Art der Kommunikation, die ihnen zur Verfügung steht. Schreien ist immer ein Hilferuf und sollte von den Eltern niemals ignoriert werden.

Die Gründe können vielfältig sein: Sie sind hungrig oder müde, finden nicht in den Schlaf, ihnen ist langweilig oder sie sind überfordert, oder aber sie fühlen sich körperlich unwohl. Sie können beruhigt sein: Allen Eltern fällt es schwer, herauszufinden, woran es denn nun wirklich liegt. Sie sind mit dem Problem also nicht alleine.

154. Kontaktweinen

Wenn Sie Ihr Baby ablegen, schreit es, wenn Sie es dann wieder hochnehmen, ist es ruhig? Herzlichen Glückwunsch – das ist ein ganz normales Verhalten bei Neugeborenen und Babys und nennt sich Kontaktweinen. Es ist noch ein Überbleibsel aus der Urzeit, wo Babys einer Gefahr ausgeliefert waren, wenn die Eltern es weggelegt haben. Verständlich also, dass das Baby schreit, wenn es sich alleine gelassen fühlt. Mit dem Kontaktweinen signalisieren Babys, dass sie nicht alleine gelassen werden wollen.

155. Schreien lassen?

Darf man Babys schreien lassen? Darüber scheiden sich die Geister. Heute allerdings geht man mehrheitlich davon aus, dass man Babys nicht schreien lassen sollte. Denn wenn Babys schreien, gibt es einen Grund dafür. Immer! Stellen Sie sich das mal vor: Ihnen geht es nicht gut, Sie haben Kummer und können nicht sprechen. Sie machen auf sich aufmerksam, aber keiner um Sie herum reagiert. Allen ist es schlichtweg egal, dass es Ihnen nicht gut geht. Was schließen Sie daraus? Sie sind den anderen egal. Und genau diesen Schluss zieht Ihr Baby auch, wenn Sie sich nicht um es kümmern. Das kann in seiner weiteren Entwicklung sogar fatale Folgen haben, wenn Babys denken, sie sind ihren Eltern egal. Irgendwann wird es resignieren und sein Selbstbewusstsein wird leiden. So weit sollten Sie es nicht kommen lassen.

156. Im ersten halben Jahr nicht verwöhnen?

Wenn ich mein Baby immer gleich hochnehme, wenn es schreit – verwöhne ich es dann? Diese Frage stellen sich wohl alle Eltern einmal. Die Antwort: Nein, Sie verwöhnen es nicht. Heute gehen Fachleute davon aus, dass man die Babys im gesamten ersten Jahr gar nicht verwöhnen kann. Denn sie brauchen alle Liebe, die sie nur bekommen können. Erstaunlich ist, dass die Eltern ausgerechnet jetzt Angst haben, ihr Kind zu verwöhnen. Später tragen sie ihrem Kind den Schulranzen und fahren es mit dem Auto zur Schule. Die Frage nach dem Verwöhnen darf also ruhig gestellt werden, aber alles zu seiner Zeit.

157. Baby begleiten, auch wenn man nicht helfen kann

Das Baby schreit und schreit und schreit – egal, was Sie tun. Dann könnten Sie es doch eigentlich auch wieder ablegen, oder? Nein, bitte nicht. Es geht gar nicht mal immer darum, das Kind dazu zu bringen, mit dem Schreien aufzuhören. Wichtig ist, dass Sie für Ihr Baby da sind, ihm „zuhören". Es schreit zwar weiterhin, fühlt sich aber nicht alleine gelassen und das ist der springende Punkt. Es fühlt sich ernst genommen und spürt Ihre Nähe. Es reicht also völlig aus, dass Sie es, während es Kummer hat, begleiten und nicht alleine lassen in seinem Schmerz.

158. Urvertrauen

Wenn Babys weinen, wollen sie uns etwas mitteilen. Sie tun dies nicht, um ihre Eltern zu tyrannisieren, das würde nämlich bedeuten, sie könnten schon regelrecht berechnend agieren. „Worüber würde sich meine Mama so richtig ärgern? Ah okay, dann mache ich das mal.“ Dazu sind Babys nicht in der Lage. Aber: In den ersten Lebensmonaten wird der Grundstein zum Urvertrauen gelegt. Und Urvertrauen können Kinder nur entwickeln, wenn man sie nicht schreien und im Kummer alleine lässt. Sie brauchen also kein schlechtes Gewissen haben, wenn Sie Ihr Kind eben nicht schreien lassen.

159. Drei-Monats-Koliken?

Noch vor gar nicht allzu langer Zeit ist man davon ausgegangen, dass Babys, die in den ersten Monaten viel schreien, an Drei-Monats-Koliken leiden. Mittlerweile gilt diese Ansicht allerdings als überholt. Drei-Monats-Koliken sind vermutlich nicht der Auslöser dafür, wenn Kinder viel schreien, sondern vielmehr „Weltschmerz“. Babys müssen die Erfahrungen und Reize, die sie in den ersten Lebenswochen machen, verarbeiten. Das führt dazu, dass sie in den Abendstunden besonders überreagieren und dann schreien. Mit Koliken hat das meistens nur wenig zu tun.

160. High Need Baby

Vielleicht haben Sie ja auch ein High Need Baby? High Need Babys, das sind Babys mit besonders vielen Bedürfnissen. Sie fordern ziemlich lautstark das ein, was sie wollen. Sie schreien schnell und laut, sie sind empfindlich und können nicht warten – beispielsweise, wenn sie Hunger haben. Sie wollen viel getragen werden, brauchen jede Menge Aufmerksamkeit ihrer Eltern und lassen sich generell nur schlecht beruhigen. Außerdem wirken sie besonders aktiv und scheinen immer kurz davor zu sein, durchstarten zu wollen – geballte Fäustchen, angespannte Muskeln –, das alles kann dafür sprechen, dass Ihr Baby ein High Need Baby ist. Dann braucht es besonders viel Zuwendung. Aber nur die Ruhe, auch das vergeht irgendwann wieder.

161. Holen Sie sich Hilfe!

Dass Eltern mit Kindern, die viel schreien, an ihre Grenzen kommen, ist nicht etwa peinlich, sondern ganz normal. Bevor Sie also die Nerven verlieren und Ihr Baby darunter leidet, lassen Sie es lieber kurz in seinem Bettchen alleine und drehen Sie eine Runde, um sich abzureagieren. Das ist allemal besser, als es zu schütteln. Wenn Sie nicht mehr weiter wissen, kann der Besuch in einer Schreiambulanz hilfreich sein. Dies wird mittlerweile in vielen Städten angeboten – beispielsweise in Kinderkliniken oder bei Erziehungsberatungsstellen. Sie bekommen dort hilfreiche Tipps, wie Sie sich in Phasen, in denen Ihr Baby viel schreit, am besten verhalten.

Entspannungstipps für den Papa

Die erste Zeit mit Baby ist turbulent und anstrengend, ganz ohne Frage. Auch Sie als Vater müssen darauf achten, dass Sie sich immer mal wieder etwas Gutes tun, damit Sie nicht irgendwann auf dem Zahnfleisch daher kommen. Zwar stehen am Anfang die Mutter und das Baby im Mittelpunkt, die meiste Arbeit bleibt immerhin an der Mutter hängen, aber selbstverständlich sollten auch Sie immer mal wieder eine Auszeit einlegen und eine Pause machen.

162. Atemübungen

Probieren Sie es mal mit Atemübungen, wenn Sie besonders gestresst sind. Es gibt viele verschiedene Atemübungen, die dabei helfen, sich zu erden und zur Ruhe zu kommen. Sie können zum Beispiel bewusst die drei Phasen der Atmung zu einer fließenden Bewegung verbinden: Sie atmen tief ein, füllen dabei den Bauch und weiten den Brustkorb. Dann halten Sie den Atem kurz an, bevor Sie ganz langsam wieder ausatmen, den Brustkorb dabei lösen und den Bauch leeren. Immer beim Ausatmen führen Sie langsam die Arme nach vorne.

Atemübungen können dabei helfen, den Blutdruck zu senken, Ängste zu verringern und Stress entgegenzuwirken. Für gestresste Eltern also genau das Richtige.

163. Meditieren

Haben Sie schon mal meditiert? Dann sollten Sie es mal ausprobieren. Allerdings brauchen Sie dafür etwas Ruhe. Vielleicht klappt es ja, wenn das Baby gerade schläft. Ziehen Sie sich warme und bequeme Kleidung an, finden Sie eine angenehme Sitzposition und eine aufrechte Körperhaltung und dann kann es losgehen. Versuchen Sie, sich mal ganz bewusst auf Ihren Atem zu konzentrieren und lassen Sie Ihre Gedanken einfach fließen. Irgendwann sind Sie vielleicht so weit, dass Sie an gar nichts mehr denken.

164. Yoga

Yoga ist eine geeignete Methode, um Stress abzubauen. Und: Yoga ist nicht nur für Frauen und auch nicht nur was für Hippies und Ökos. Sie müssen dafür nicht zwingend einen Yoga-Kurs besuchen. Falls Ihnen dazu die Zeit oder die Lust fehlt, versuchen Sie es mal mit Selbstlernvideos, von denen es auf YouTube jede Menge gibt. Yoga für Anfänger, Yoga für den Rücken – für den Anfang sind 15 Minuten schon mal nicht schlecht, so dass Sie Ihrem Körper etwa Gutes tun und ein wenig vom Alltag abschalten können. Das stärkt Sie für die nächsten Stunden mit Baby!

165. Antistressball

Ein Antistressball ist eine kleine, aber sinnvolle Anschaffung, wenn Sie auf die Schnelle Stress abbauen wollen. Die Anwendung ist ganz einfach: Sie können diesen Ball ganz nach Bedarf knautschen, kneten, werfen oder formen und bringen damit Ihren Körper und Ihre Seele wieder ins Gleichgewicht. Der Blutdruck und der Puls senken sich, die Atmung wird ruhiger. So ein kleiner Ball ist also perfekt dafür, um den angestauten Stress ganz ohne Aggressionen herauszulassen, sodass der Kopf frei wird.

166. Auszeit nehmen

Nehmen Sie sich unbedingt immer mal wieder eine Auszeit! Treffen Sie sich mit einem Freund, treiben Sie Sport, lesen Sie ein Buch oder hören Sie Musik. Aber: Was Ihnen möglich ist, sollten Sie Ihrer Partnerin natürlich ebenfalls möglich machen. Beide Elternteile sollten immer mal wieder die Möglichkeit haben, ein paar Minuten in Ruhe durchzuatmen. Unterstützen Sie sich dabei und schaffen Sie sich gegenseitig Freiräume. Ein paar Minuten oder eine Stunde ohne Baby können Wunder bewirken.

167. Joggen

Joggen ist ideal, um den Kopf freizubekommen. Schnappen Sie sich Ihre Schuhe und drehen Sie eine Runde – egal, bei welchem Wetter. Beim Joggen werden Glückshormone freigesetzt und Sie werden sich danach gleich besser fühlen – versprochen. Falls Joggen nicht so Ihr Ding ist, geht natürlich alternativ auch Walken oder Fahrrad fahren. Hauptsache, Sie bewegen sich und sind im Idealfall auch noch an der frischen Luft. Das macht den Kopf frei und Sie sind wieder fit und positiv gestimmt, auch wenn Ihr Baby Sie danach wieder voll beansprucht.

Das Baby entspannen und beruhigen

Ihr Baby weint und lässt sich nur schlecht beruhigen? Dann können für Sie die nachfolgenden Tipps vielleicht eine echte Erleichterung sein. Die meisten ergeben sich daraus, dass Babys sich geborgen fühlen, wenn es warm ist, wenn sie geschaukelt werden und wenn sie den Herzschlag spüren. Eben genau wie auch während der 40 Wochen in Mamas Bauch. Wenn sie sich geborgen fühlen, sind sie meistens auch zufrieden.

168. Massage

Versuchen Sie es mal mit einer Babymassage. Dazu sollte es aber im Raum ausreichend warm sein und auch Ihre Hände sollten eine angenehme Temperatur haben. Sie können bei Neugeborenen mit dem Bauch beginnen, den Sie im Uhrzeigersinn mit zwei Fingern sanft massieren. Größere Babys können Sie mit der ausgestreckten Hand den Oberkörper immer kreuzweise im Wechsel von den Schultern bis zur Hüfte ausstreichen. Auch die Beinchen und Ärmchen können massiert werden. Anleitungen für Babymassage gibt es im Internet jede Menge. Es gibt aber auch Babys, die Massagen nicht ganz so gerne mögen. Probieren Sie einfach aus, wie Ihr Nachwuchs darauf reagiert.

169. Musik

Es gibt im Handel viele verschiedene CDs oder Musik-Downloads zu kaufen mit Melodien, die Babys entspannen. Eine Alternative zu Musik sind spezielle Geräusche, die Babys sanft einschlummern lassen. Plätscherndes Wasser zum Beispiel, Meeresrauschen oder das monotone Geräusch eines Staubsaugers. Bekanntermaßen bringen solch eintönigen Geräusche – dazu gehört zum Beispiel auch der Haarföhn – Babys dazu, schneller einzuschlafen. Also ist so eine CD eine gute Idee, um Baby beim Einschlafen zu helfen oder es zu beruhigen.

170. Wärme

Wärme wirkt entspannend. Wenn Babys frieren, können sie sich weder entspannen noch einschlafen – verständlich. Daher ist eine Wärmflasche, oder noch besser, ein erwärmtes Kirschkernkissen eine gute Idee. Sie können damit zum Beispiel das Kinderbett leicht vorwärmen oder, wenn Sie Ihr Baby umhertragen, das Kirschkernkissen auf sein Bäuchlein legen. Körperwärme von Mama und Papa reichen im Zweifelsfall aber meistens auch schon aus. Beim Tragen gibt man sich gegenseitig jede Menge Wärme ab und Baby fühlt sich geborgen und sicher.

171. Herzschlag

Wenn Babys den Herzschlag von Mama oder Papa hören können, wirkt das auf sie ausgesprochen beruhigend. Kein Wunder: Während der ganzen Zeit der Schwangerschaft war es in Mamas Bauch niemals mucksmäuschenstill, ganz im Gegenteil, Baby war permanent von diversen Geräuschen umgeben: Dem Rauschen des Bluts, den Geräuschen des Magens, dem Herzschlag, und auch gedämpfte Stimmen von außen konnte es vernehmen. Gerade aber der Herzschlag ist sehr regelmäßig und wirkt unglaublich beruhigend. Es gibt sogar Stoffbären, die einen integrierten Motor haben, der den Herzschlag der Mutter imitiert. Vielen Babys verschafft dies einen ruhigen Schlaf.

172. Schaukeln

Schaukeln ist für Babys das Beruhigungsmittel schlechthin. Egal, ob sie in einer Wiege liegen, ob Sie mit ihm auf einen Schaukelstuhl oder einem Pezziball sitzen: Werden sie hin- und hergeschaukelt, beruhigen sich Babys meistens ganz schnell. Sanfte Auf- und Abbewegungen sind dabei oftmals noch ein wenig effektiver als hin- und herschwingen. Das spricht eher für den Pezziball als für den Schaukelstuhl. Probieren Sie einfach aus, was Ihrem Baby am besten gefällt.

173. Hängewiege

Eine Hängewiege ist eine tolle, wenn auch ziemlich kostspielige Erfindung. Die Wiege wird entweder an der Decke oder an einem Gestell befestigt und ist dann je nach Modell auch noch mit einem Motor ausgestattet, der dafür sorgt, dass die Wiege nicht nur dann schwingt, wenn sie angeschubst wird, sondern auch über einen längeren, individuell definierbaren Zeitraum. Der Effekt ist überwältigend, viele Babys, die sonst schlecht in den Schlaf finden oder sich einfach nicht beruhigen lassen, können in einer Hängewiege problemlos in den Schlaf finden.

174. Gymnastikball

Ein Gymnastikball ist in jedem Fall eine gute Investition. Schon in der Schwangerschaft kann eine werdende Mutter darauf meist besser sitzen als auf einem Stuhl. Später dann können Sie sich mitsamt Ihrem Baby darauf setzen und auf und ab wippen. Wenn das Baby größer ist, kann man den Ball prima verwenden für einfache Turnübungen – zum Beispiel das Baby auf dem Bauch darauf legen, an den Händen halten und den Ball leicht hin- und herrollen.

175. Pucken

Pucken ist für ziemlich lange Zeit von der Bildfläche verschwunden, erfreut sich besser in den letzten Jahren wieder größter Beliebtheit. Kein Wunder: In zahlreichen Ländern rund um den Globus werden Babys schon immer gepuckt. Gepuckt, das bedeutet, das Baby wird so eng eingewickelt, dass es nicht mehr strampeln kann, und auch die Ärmchen werden fest am Körper fixiert, dass es fast Mitleid erweckt. Aber: Viele Kinder, die nicht in den Schlaf finden, schrecken immer wieder hoch und reißen die Ärmchen nach oben. Genau daran erschrecken sie sich und fangen an zu schreien. Die Begrenzung beim Pucken erinnert sie an die Enge im Mutterleib und wirkt daher beruhigend. Nicht alle Kinder lieben das Pucken, aber ein Versuch lohnt sich in jedem Fall. Verwenden Sie entweder ein spezielles Pucktuch oder ein elastisches, ausreichend großes Baumwolltuch. Anleitungen gibt es im Internet.

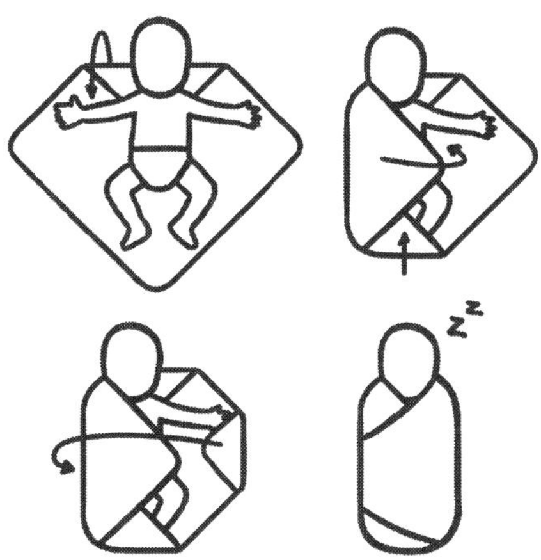

Schlaftipps für das Baby

Die Sache mit dem Schlafen ist in jedem Fall ein separates Kapitel wert. Denn am Schaf ihrer Kinder könnten viele Eltern regelrecht verzweifeln. Kein Wunder: Bis das Kind annähernd so schläft, wie wir Erwachsenen uns das wünschen würden, kann es dauern. Mitunter Jahre! Babys kommen nun mal nicht mit einem Tag-Nacht-Rhythmus zur Welt, sondern müssen diesen erst mühsam lernen. Und für Eltern ist das ganz schön anstrengend und kräftezehrend.

176. Babybucht/Beistellbett

Viele Eltern empfinden es als äußerst angenehm, statt einer Wiege oder einem separaten Babybett ein Beistellbett anzuschaffen, welches einfach am Elternbett befestigt wird und dann eine Art Balkon, also eine Betterweiterung darstellt. Das Kind kann dann zum Stillen einfach zur Mutter gezogen werden und diese muss nicht im Halbschlaf aufstehen. Das Baby ist direkt dabei, liegt aber dennoch in seinem eigenen Bett. Eine wirklich gute Erfindung.

177. Nähe für besseren Schlaf

Der Trend geht wieder eindeutig in die Richtung, das Baby nicht im Kinderzimmer, sondern vielmehr im Elternschlafzimmer schlafen zu legen. Denn Nähe zu den Eltern sorgt für besseren Schlaf. Das Kind fühlt sich geborgen, wenn es die Atem- und Schlafgeräusche seiner Eltern hört. Die Eltern schlafen besser, weil sie nicht jedes Mal, wenn Baby einen Mucks macht, aufstehen und ins Kinderzimmer laufen müssen.

178. Hintergrundgeräusche

Viele Eltern nehmen irrtümlicherweise an, dass ihr Neugeborenes zum Schlafen absolute Ruhe braucht. Meistens ist dem aber gar nicht so, denn im Bauch der Mutter war ja auch nie absolute Stille. Dezente Hintergrundgeräusche lassen Babys oft sogar richtig gut schlafen. Es muss ja nicht unbedingt der Föhn sein, der im Hintergrund läuft, aber gedämpfte Stimmen zum Beispiel oder die Waschmaschine, die läuft, machen den meisten Kindern nichts aus, im Gegenteil. Allerdings gilt hier: Jedes Kind ist anders. Es gibt auch Kinder, die beim kleinsten Geräusch sofort wach sind. Zu welchem Typ Ihr Kind gehört, werden Sie sicherlich schnell feststellen.

179. Ruhige Atmosphäre

Generell ist bei Babys, die dem Neugeborenenalter entwachsen sind, eine eher ruhige Atmosphäre dem Schlaf förderlich. So gerne Sie mit Ihrem Kind spielen und Quatsch machen: Meiden Sie das am besten abends vor dem Schlafengehen. Denn dann wird Ihr Baby erst recht aufgedreht und kann nicht in den Schlaf finden. Etwa eine Stunde, bevor es abends ins Bett geht, darf alles etwas langsamer und ruhiger werden, damit Ihr Baby ein wenig „runterkommen" und sich vom anstrengenden Tag erholen kann.

180. Feste Rituale zum Einschlafen

Ab etwa einem halben Jahr sind Rituale zum Einschlafen für Kinder ein sehr wichtiger Bestandteil. Die geben ihm in der unübersichtlichen Welt der Erwachsenen Sicherheit und Halt. Es ist für Babys also überhaupt nicht langweilig, wenn Sie ihm jeden Abend die gleiche Geschichte erzählen oder genau das gleiche Einschlafritual mit ihm begehen. Ganz im Gegenteil: Babys lieben und brauchen Rituale. Zum Beispiel: Abends wickeln, Schlafanzug anziehen, Kuscheln, Zähne putzen, eine Geschichte erzählen, dem Lieblingskuscheltier gute Nacht sagen und dann geht es ab ins Bett.

181. Zu gleichen Zeiten ins Bett bringen

Auch das gehört zu den Ritualen: Ihrem Kind gibt es Sicherheit, wenn es möglichst jeden Abend um dieselbe Zeit ins Bett gelegt wird. Natürlich ist das mit einem Neugeborenen nicht immer machbar, da das Kind dafür schon einen gewissen Schlafrhythmus braucht. Dann aber ist es empfehlenswert, das Kind beispielsweise immer gegen 19 Uhr ins Bett zu bringen und nicht etwa einmal um 22 Uhr, das nächste Mal dann aber schon um 18 Uhr. Wenn es nicht klappt, machen Sie sich keinen Stress, aber behalten Sie das im Hinterkopf.

182. Monotone Klänge

Babys lieben zum Einschlafen monotone Klänge – egal, ob das nun die Waschmaschine, der Haarföhn oder der Staubsauger ist. Auch der Motor des Autos bringt fast unweigerlich jedes Kind zum Einschlafen. Aber es kann ja nicht die Lösung sein, dass Sie Ihr Baby immer, wenn es schlafen soll, im Auto spazieren fahren. Eine Möglichkeit könnte die bereits weiter oben erwähnte CD sein, auf der diverse monotone Geräusche aufgespielt sind, die Babys beim Einschlafen helfen. Besonders entspannender Tipp: Probieren Sie es mal mit „White noise", das ist ein spezielles, entspannendes Geräusch für Babys.

183. Familienbett

Familienbett, ja oder nein? An dieser Frage scheiden sich die Geister. Daher können wir hier auch keine Empfehlung abgeben – das muss schlichtweg jede Familie für sich selber entscheiden. Alles hat Vor- und Nachteile. Immer mehr Eltern entscheiden sich jedoch für ein Familienbett. Bei Kindern unter einem Jahr sollte aber unbedingt darauf geachtet werden, dass diese möglichst nicht bei Mama oder Papa unter der Bettdecke liegen, da sonst die Gefahr besteht, dass sie darunter rutschen und ersticken.

184. Wiege

Eine Wiege hat den Vorteil, dass sie sich hin- und herschaukeln lässt, und das beruhigt bekanntermaßen Babys. Praktisch ist es, wenn die Wiege mit Rollen ausgestattet ist, sodass sie von einem Zimmer ins nächste gerollt werden kann und nicht immer an derselben Stelle stehen muss.

Bei kleineren Babys sollten Sie über der Wiege einen Himmel aufhängen, der das Baby vor zu vielen Reizen der Außenwelt etwas abgeschirmt.

185. Gleiche Bedingungen beim Aufwachen wie beim Einschlafen

Ihr Baby wacht immer wieder auf und schreit, zum Beispiel, weil es den Schnuller verloren hat? Das ist kein Wunder: Babys haben die Angewohnheit, mehrmals während des Schlafens aufzuwachen und zu checken, ob alles noch genau so ist wie beim Einschlafen. Fehlt der Schnuller, dann hat sich etwas geändert – also: Alarm! Dieses Verhalten stammt noch aus der Urzeit. Damals mussten Babys tatsächlich die Umgebung checken, ob noch alles ungefährlich ist oder ob möglicherweise Gefahr droht. Also: Wenn Ihr Kind zum Einschlafen einen Schnuller hat und verliert ihn währenddessen, ist es kein Wunder, dass es beim Aufwachen protestiert.

Der plötzliche Kindstod – Sudden Infant Death Syndrome (SIDS)

Zugegeben, kein schönes Kapitel, aber es soll nicht unerwähnt bleiben. Der plötzliche Säuglingstod ist für alle Eltern eine Horrorvorstellung. Aber: Sie können sehr viel tun, um dem entgegenzuwirken. Weil die Schlaf-Empfehlungen sich in den letzten Jahren immer wieder geändert haben und an die neuesten wissenschaftlichen Erkenntnisse angepasst wurden, hat sich die Zahl der plötzlichen Säuglingstode in den letzten Jahren ganz drastisch reduziert. Das sind doch wirklich gute Nachrichten! Ansonsten: Lassen Sie sich nicht verrückt machen! Halten Sie sich an die nachfolgenden Regeln, dann haben Sie das Wichtigste getan.

186. Rauchfreie Umgebung

Dies scheint wohl der wichtigste Punkt zu sein: Ihr Baby sollte in einer komplett rauchfreien Umgebung aufwachsen. Am besten ist es sowieso, wenn keiner der beiden Elternteile raucht. Auch Rauch, der in der Kleidung hängt, sollte unbedingt vermieden werden. Achten Sie also darauf, dass alles, was mit Baby in Kontakt kommt, keinem Rauch ausgesetzt ist – niemals und auch nicht ausnahmsweise. Rauchen begünstigt in jedem Fall das Risiko für den plötzlichen Säuglingstod und daher liegt die Lösung auf der Hand: absolute Rauchfreiheit.

187. Stillen

Babys, die ein halbes Jahr lang voll gestillt werden, sind deutlich seltener vom plötzlichen Säuglingstod betroffen als Flaschenkinder. Also kann Stillen in jedem Fall als effektive Prophylaxe angesehen werden gegen diverse Krankheiten wie Allergien, aber eben auch zur Vorbeugung des plötzlichen Säuglingstods.

188. Nicht überwärmen

Ein besonders wichtiger Faktor ist die Überwärmung. Keinesfalls sollte Ihr Baby, wenn es schläft, schwitzen. Das heißt, die Kleidung sollte nicht zu warm gewählt werden, aber auch die Bettwäsche keinesfalls zu dick sein. Die empfohlene Schlaftemperatur liegt bei 6 bis 18 °C, das ist ziemlich wenig. Im Sommer lässt sich das oftmals nicht realisieren, allerdings ist die Gefahr von SIDS im Winter bei Heizungsluft ohnehin deutlich größer als im Sommer.

189. Rückatemluft

Bei Kindern, die an SIDS starben, war oftmals die Rückatemluft ein Problem. Wenn Babys etwas dicht vor ihrer Nase haben, zum Beispiel ein Mützchen, welches darüber gerutscht ist, eine Decke oder das Babynestchen am Rand des Bettes, dann atmen sie immer wieder ihre ausgeatmete Luft ein. In dieser ist irgendwann so wenig Sauerstoff, dass es zu einem Atemstopp kommt. Diese Atemaussetzer sind zwar bis zu einem gewissen Grad normal, manchmal aber finden Babys nach derlei Atemaussetzern nicht wieder in ihre Atmung zurück und dann tritt der fatale Fall des Säuglingstods ein. Daher: Die Nase des Babys sollte immer frei sein und die Bettausstattung sollte dementsprechend gewählt werden.

190. Schlafsack

Schon längst empfiehlt man Eltern, das Baby nicht mit einer Decke zuzudecken, sondern stattdessen auf einen Schlafsack auszuweichen. Dieser sollte nicht zu dick sein (Überwärmung) und der Halsausschnitt sollte keinesfalls so groß sein, dass das Kind mit dem Kopf hineinrutschen könnte. Auch sollte der Schlafsack insgesamt nicht deutlich zu groß sein, sondern zur Größe des Kindes passend gekauft werden. In einem Schlafsack liegt Ihr Baby sicher, unter eine Decke könnte es nämlich hinunterrutschen.

191. Bettausstattung

Die Bettausstattung fürs Baby ist gemäß der offiziellen Empfehlung der GEPS (Gemeinsame Elterninitiative Plötzlicher Säuglingstod) ziemlich karg. Keine Stofftiere, kein Kopfkissen, kein Fell, kein Nestchen. Das Bett sollte möglichst mit atmungsaktiven Materialien ausgestattet sein, in der Nähe des Bettes sollten sich keine Schnüre oder Kabel befinden. Anstelle eines Kopfkissens können Sie dem Baby unter seinen Kopf ein kleines Moltontuch legen.

192. Schlafen auf dem Rücken

Die Empfehlung über die korrekte Schlafposition hat sich in den letzten Jahren immer wieder geändert. Eine Zeit lang schliefen Babys auf dem Bauch, irgendwann hieß es dann, dies sei gefährlich aufgrund der Erstickungsgefahr. Deshalb wurde die Seitenlange empfohlen, da Babys in der Rückenlage spucken und daran ersticken könnten. Dann aber fand man heraus, dass Babys in der Seitenlage Gefahr laufen, sich auf den Bauch zu rollen, also wurde letzten Endes doch wieder die Rückenlage empfohlen, da dies – zumindest laut neuester wissenschaftlicher Erkenntnisse – wohl doch die sicherste Position ist. Es gibt aber auch Kinder, die partout nicht auf dem Rücken schlafen wollen. Wenn dies der Fall ist, machen Sie sich nicht verrückt. Sie können es ja zumindest versuchen, Ihr Baby sanft zum Schlafen auf dem Rücken zu bewegen.

Schlaftipps für die Eltern

Eine Sache, die für die Eltern in der ersten Zeit am schlimmsten ist, ist der Schlafmangel. Kein Wunder: Schlafen ist ein Grundbedürfnis und ohne geht es eben einfach nicht. Der Nachwuchs beansprucht seine Eltern den lieben langen Tag, umso schlimmer also, wenn diese nicht ausreichend schlafen können. Patentrezepte gibt es nicht, da die wenigsten Kinder ihren Eltern ausreichend Schlaf lassen, ein paar Tipps können aber dennoch hilfreich sein.

193. Schlafen, wenn das Kind schläft

Versuchen Sie zu schlafen, wenn Ihr Kind schläft! Ja, der Haushalt bleibt dann liegen, das stimmt schon, aber der kann auch noch etwas länger warten. Wichtig ist, dass Sie ein wenig Kraft schöpfen, bis Ihr Baby wieder aufwacht. Ein chaotischer Haushalt ist kein Beinbruch. Nutzen Sie also die Zeit und legen Sie sich einfach ebenfalls hin. Irgendwann werden die Zeiten auch weit besser und Sie können sich wieder ausreichend Ihrem Haushalt widmen. Im Moment gibt es andere Prioritäten.

194. Ohropax

Der Elternteil, der sich gerade nicht ums Baby kümmert, kann vielleicht auf Ohropax ausweichen. Dann kann zumindest einer ausreichend Schlaf abbekommen und ist am nächsten Morgen fit und ausgeruht. Es gibt verschiedene Arten von Ohropax, neue Modelle zum Beispiel bestehen aus Silikon, sind kaum mehr zu spüren und passen sich der Ohrform perfekt an. Einen Versuch ist es auf jeden Fall wert.

195. Schlafen, wenn es möglich ist!

Gehen Sie möglichst früh ins Bett, auch wenn noch 1001 Dinge auf Sie warten. Die Nächte sind erwartungsgemäß kurz und Sie brauchen jede Möglichkeit zum Schlafen, die sich Ihnen bietet. Vielleicht kann ja ein Elternteil sich ums Baby kümmern, während der andere schon mal eine Runde vorschläft. Oder Sie haben Großeltern in der Nähe, die mit Ihrem Sprössling mal eine Runde drehen. Dann nutzen Sie diese Zeit nicht für den Haushalt, sondern schlafen Sie sich aus. Das kommt in jedem Fall Ihren Nerven und Ihrem Baby zugute. Oder machen Sie kurze Powernaps, wann immer sich die Gelegenheit ergibt – schon ein paar Minuten Schlaf können Wunder bewirken.

Entwicklung des Babys über das Jahr

Die körperliche Entwicklung Ihres Babys im ersten Jahr schreitet rasant voran. Während ein Neugeborenes noch fast nichts machen kann, können Kinder mit einem Jahr oft schon laufen. Die Entwicklungsschritte sind immens, es macht richtig viel Spaß zuzusehen, wie aus dem Neugeborenen innerhalb weniger Monate ein agiles Baby und später dann ein mobiles Kleinkind wird.

196. Hören

Babys hören schon, bevor sie auf die Welt kommen: zum Beispiel den mütterlichen Herzschlag oder die Geräusche ihres Bluts, aber auch Stimmen, die von außen an den Bauch dringen. Nach der Geburt reift das Gehör dann noch weiter aus. Zuerst sind Stimmen Babys liebste Geräusche und schon kurz nach der Geburt kann das Baby die Stimme seiner Mutter von anderen unterscheiden. Danach verfeinert sich das Gehör zusehends und Baby liebt Geräusche aus der Spieluhr oder harmonische Musik.

197. Sehen

Zuerst sehen Babys noch sehr unscharf, können aber unterschiedliche Helligkeiten, Muster und Formen wahrnehmen. Sie zeigen ein ganz besonders ausgeprägtes Interesse an Gesichtern, am liebsten die von Mama und Papa. Die beste Sehschärfe liegt am Anfang bei einer Distanz von ca. 25 cm vor den Augen des Kindes. Die Sehfähigkeit entwickelt sich im ersten Lebensjahr ganz beachtlich. Ein Einjähriges besitzt schon 50 Prozent der Sehschärfe eines Erwachsenen. Mit drei bis vier Monaten entwickelt sich das Sehen auf beiden Augen. Und damit beginnt das räumliche Sehen. Mit etwa acht Monaten zeigen Babys ein deutliches Interesse an der Umgebung und erkennen Dinge außerhalb der Reichweite. Sie erforschen nicht mehr nur mit dem Mund, sondern auch mit den Augen.

198. Sprache

Von Anfang an weinen Babys, erst nach und nach wird Gebrabbel daraus und sie fangen bewusst an, mit ihrer Stimme zu spielen. Es klingt aber auch wirklich interessant, mit den Lippen Bläschen zu formen oder Doppellaute wie Dada oder Mama zu formulieren. Das hat noch nicht allzu viel mit Sprechen zu tun, aber die Stimme des Babys wird dabei schon mal geschult. Viele Babys fangen ab dem Alter von drei bis sechs Monaten regelrecht an zu brabbeln und zu quatschen und geben die ulkigsten Geräusche von sich. Bis das Baby dann wirklich Worte sagen kann, vergeht allerdings noch einiges an Zeit.

199. Denken

Ganz am Anfang, also als Neugeborenes, ist die Welt einfach so, wie sie ist. Das verändert sich im Laufe des ersten Jahres drastisch. Schon gegen Ende des ersten Lebensjahres kann das Baby bereits gezielt Mittel einsetzen, um etwas zu erreichen. Das erfordert durchaus ein gewisses differenziertes Denken. Es kann Zusammenhänge begreifen und seine Eindrücke verarbeiten. Schon mit wenigen Monaten können Säuglinge ihre Sinneserfahrungen zu einfachen Vorstellungen verknüpfen.

Bis zu einem Alter von acht Monaten existiert für ein Baby nur das, was es sieht und erlebt. Wenn Sie sich hinter einem Tuch verstecken, sind Sie weg und nicht mehr existent. Danach dann kann das Baby sich erinnern und begreifen, dass Menschen auch noch dann da sind, wenn sie aus seinem Blickfeld verschwinden.

200. Zähne

Wann die ersten Zähne bei Babys durchbrechen, ist völlig unterschiedlich. Einige wenige bekommen schon mit drei Monaten ihre ersten Zähnchen, bei anderen lässt der erste Zahn acht Monate lang auf sich warten. Das ist kein Grund zur Sorge, denn jedes Baby hat hier seine eigene Geschwindigkeit. Wenn Baby viel sabbert, unleidlich ist und rote Bäckchen hat, kann es durchaus daran liegen, dass die ersten Zähnchen einschießen. Es kann dann auch immer mal wieder Fieber und einen wunden Po haben.

201. Orale Phase

In der oralen Phase nehmen Babys alles in den Mund, was ihnen in die Quere kommt und was sie greifen können. Dies beginnt also etwa mit vier Monaten, wenn Babys zugreifen können. Alles, was es in den Händen hält, wird in den Mund gesteckt und untersucht. Sie sollten also gut darauf achten, was Sie Ihrem Baby in die Hände geben – es wird auf jeden Fall in den Mund gesteckt. Zunge und Lippem sind seine wichtigsten Sinnesorgane und sein Tastsinn ist deutlich besser entwickelt als Augen, Ohren und Nase. Die orale Phase endet übrigens spätestens mit eineinhalb Jahren.

202. Gefühle

Natürlich haben Säuglinge und Babys auch schon sehr ausgeprägte Gefühle. Ganz am Anfang ihres Lebens kennen Babys allerdings Eifersucht, Furcht, Wut und Ärger noch nicht. Auch das verändert sich immer mehr im Laufe des ersten Lebensjahres und wird im Zusammenhang mit der sozialen und geistigen Entwicklung des Kindes nach und nach erlernt. Zu den ersten Empfindungen zählen Furcht, Freude, Ärger und Trauer und gegen Ende des ersten Lebensjahres können Kinder schon erkennen, ob jemand traurig oder fröhlich ist.

Wenn ein Neugeborenes schreit, ist das ganz allgemein erst mal Unbehagen. Mit zwei Monaten ist das Schreien dann schon gezielter – Baby hat Hunger, ist müde oder braucht Zuwendung. Gegen Ende des ersten Lebensjahres kommen dann starke Gefühle wie Trennungsangst hinzu.

203. Vom Strampeln zum Laufen

Vom Strampeln zum Laufen ist es ein weiter Weg. Neugeborene strampeln fast gar nicht, eigentlich liegen sie nur da. Mit wenigen Wochen fängt Ihr Kind dann aber das Strampeln und Rudern mit den Ärmchen an. Irgendwann, meistens schneller als erwartet, ist es so weit, dass Babys sich zum ersten Mal drehen, und zwar vom Rücken auf den Bauch, später dann auch vom Bauch auf den Rücken. Ab etwa sechs Monaten werden die Kleinen dann mobil: Zuerst ist Robben, dann ist Krabbeln angesagt. Mit etwa acht Monaten sitzen Babys und mit ungefähr zehn Monaten bis einem Jahr fangen sie an, sich überall hochzuziehen. Laufen können die meisten Kinder dann zwischen dem 12. und dem 14. Monat.

204. Soziales Verhalten

Schon von Geburt an sind Babys soziale Wesen. Ihr Baby wendet Ihnen seinen Kopf zu und kann seine Umwelt bereits mit allen Sinnen wahrnehmen. Für menschliche Stimmen und menschliche Gesichter zeigt es eine ganz besondere Vorliebe. Durch Körperhaltung, Gesichtsausdruck, Blicke und Laute kann es seine Bedürfnisse zum Ausdruck bringen. Dadurch kann es Desinteresse und Interesse mitteilen. Mit etwa zwei oder drei Monaten hat das Baby schon ein wachsendes Selbstempfinden und kann mit seinen Eltern interagieren. Es interessiert sich nach und nach zunehmend für seine Umgebung und ist, je älter es wird, umso weniger auf engen körperlichen Kontakt zu seinen Eltern angewiesen.

205. Lächeln

Schon mit wenigen Tagen oder Wochen geht Eltern das erste Mal das Herz auf: Ihr Baby scheint zu lächeln. Ein soziales Lächeln ist das aber im Moment noch nicht, man nennt es vielmehr Engelslächeln. Das heißt, das Baby verzieht den Mund so, dass es aussieht, als ob es lächeln würde. Entzückend ist es natürlich trotzdem! Etwa im dritten Lebensmonat dann ist es so weit und das Baby lässt die Herzen seiner Eltern höherschlagen, wenn es sie zum ersten Mal bewusst anlächelt. Das ist dann eine Form des sozialen Lächelns.

206. Fremdeln

Mit dem Fremdeln ist das so eine Sache. Für die Eltern kann es ganz schön anstrengend sein, wenn das Baby partout zu niemandem mehr auf den Arm will außer zu Mama und eventuell noch zu Papa. Manche Kinder fangen schon mit vier Monaten zu fremdeln an, im Durchschnitt ist es aber erst mit acht Monaten so weit. Dabei ist die Fremdelphase, genau wie alle anderen Phasen auch, ausgesprochen wichtig. Das Baby begreift nun, wer enge Vertrauenspersonen sind und wer nicht dazugehört.

Falls Ihr Baby auch Ihnen gegenüber fremdelt: Nicht den Kopf hängen lassen, das ist ganz normal und geht irgendwann auch wieder vorbei. Es zeigt nur, dass Ihr Baby eine gute Bindung zur Mama hat und das ist ganz besonders wichtig, aber auch normal. Es sagt nichts über die Vater-Kind-Bindung aus!

207. Essen

Das Essen gestaltet sich im ersten halben Jahr recht einfach: Entweder wird gestillt oder mit der Flasche gefüttert. Ab frühestens 6 Monaten kann dann auch zugefüttert werden. Kinder sind in dem Alter dann sogar schon zum Teil in der Lage, kleine Essensstückchen selber in der Hand zu halten und zu essen, sie können aber natürlich auch mit dem Löffel gefüttert werden und Babybrei bekommen. Gegen Ende des ersten Lebensjahres ist es dann so weit und Ihr Nachwuchs kann weitestgehend beim Familienessen mitessen.

208. Die Hände

Um den 5. Monat herum entdecken Babys, dass sie Hände haben. Das ist eine wirklich außergewöhnliche Entdeckung, denn die Hände kann es nicht nur aufmerksam betrachten, es kann sie in den Mund nehmen und gezielt damit nach Dingen greifen – zum Beispiel einen Ring. Es bekommt zunehmend mehr Kontrolle über seinen Körper, auch wenn das Greifen am Anfang mitunter noch ganz schön schwerfällt.

209. Der Pinzettengriff

Den sogenannten Pinzettengriff wenden die meisten Babys mit etwa neun Monaten an, das heißt, sie können Daumen und Zeigefinger so koordinieren, dass sie interessante Dinge mit diesen beiden Fingern ähnlich wie mit einer Pinzette aufheben können. Das erfordert etwas mehr Feinmotorik. Nach und nach kann es diese Technik immer mehr verfeinern und damit eröffnen sich für Ihren Nachwuchs immer neue, interessante Möglichkeiten.

Tipps zur Unterstützung der Entwicklung

Prinzipiell können Sie Ihr Baby von dem Moment an, an dem es geboren wird, fördern. Dafür gibt es viele Möglichkeiten: sprechen, singen, ihm vorlesen, ihm Geborgenheit geben … Denn Babys brauchen dringend Anregungen für eine gute und gesunde Entwicklung. Ein paar Tipps für Förderung im ersten Jahr finden Sie hier.

210. Mit dem Baby reden

Schon von Anfang an ist die Stimme ein äußerst wichtiges Instrument, um dem Baby Nähe und Vertrauen zu geben. Es erkennt Ihre Stimme ziemlich schnell und wenn Sie mit Ihrem Baby sprechen, lernt es dabei viel. Eltern stellen sich intuitiv in ihrer Sprachmelodie auf das Baby ein und das ist gut so. Versuchen Sie, immer wieder mit ihm zu reden, erzählen Sie ihm etwas, gehen Sie auf Ihr Baby ein, wenn es Ihnen seinerseits etwas mitteilen will.

211. Vorlesen

Eines der wichtigen Dinge überhaupt in der Förderung von Babys ist das Vorlesen. Wenn Babys sprechen lernen sollen, dann müssen sie viele, viele Wörter hören, ansonsten können sie ja nicht erfahren, was es bedeutet, wenn jemand spricht. Ganz einfache Bilderbücher eignen sich hervorragend dafür. Lesen Sie Ihrem Kind regelmäßig vor, das geht auch schon mit einem halben Jahr und mit Büchern, in denen einfach zu erkennende Bilder abgebildet sind. Babys lieben es übrigens, wenn man immer und immer wieder die gleichen, einfachen Geschichten vorliest.

212. Viel loben

Babys und Kleinkinder dürfen ruhig viel gelobt werden. Das sorgt dafür, dass sie sicherer werden und Selbstbewusstsein bekommen – und schließlich wollen alle Eltern selbstbewusste Kinder oder nicht? Loben Sie es also, wenn es etwas geschafft hat oder wenn es einen Entwicklungsschritt hinter sich hat. Es bekommt Aufmerksamkeit für das, was es geleistet hat. Ein Lob an der richtigen Stelle macht dem Baby Mut, weiterzumachen oder aber es noch einmal zu probieren, falls es nicht ganz erfolgreich war. Lob ist in der Entwicklung des Babys ein ganz wichtiges Element.

213. Nicht zu früh Dinge machen lassen

Förderung ist gut und wichtig – Überforderung kann aber kontraproduktiv ausfallen. Das heißt: Wenn Ihr Baby noch nicht bereit ist, alleine zu sitzen, dann sollten Sie es auch nicht hinsetzen. Wenn Ihr Baby noch nicht stehen kann, dann sollten Sie es nicht einfach immer wieder hinstellen, nur damit es das lernt. Warten Sie ab, bis Ihr Baby von sich aus so weit ist, um den jeweiligen Entwicklungsschritt von ganz alleine zu begehen. Wenn es noch nicht so weit ist, dann sollte es auch nicht sitzen oder stehen, weil das sonst eher schädlich wäre. Alles zu seiner Zeit!

214. Singen

Schon ganz kleine Babys sind äußerst fasziniert, wenn man mit ihnen singt. Singen fördert nicht nur die Sprachentwicklung Ihres Babys, sondern auch die Eltern-Kind-Bindung. Es ist also wichtig, dass Sie mit Ihrem Baby viel singen und spielen. Sie können schon gleich in den ersten Wochen damit anfangen, Ihrem Baby etwas vorzusingen. Babys lieben die Stimme von Mama und Papa und dabei ist es vollkommen egal, ob Sie nun ein begnadeter Sänger sind oder nicht – Ihrem Baby zumindest. Für Babys ist es das Wichtigste, die Stimme der Eltern zu hören. Also: Singen ist wichtig für die frühkindliche Entwicklung, denn Babys lieben Musik.

215. Reime

Mal ehrlich, welches Kind hat keinen Spaß an „Hoppe, hoppe Reiter"? Eben! Babys lieben Reime und Verse, auch gerne in Verbindung mit Singsang oder Bewegung. Dabei unterstützen Sie gleichzeitig die Feinmotorik und die Sprachentwicklung Ihres Babys. Der Spaß an Reimen hält übrigens mehrere Jahre an: Auch wenn das Kind später in die Kindertagesstätte oder den Kindergarten kommt, wird es noch viel Freude an Kinderreimen und Fingerspielen haben. Dabei werden verschiedene Bereiche im Gehirn, die für die Sprache und die Fingerfertigkeit verantwortlich sind, geschult und verknüpft.

216. Montessorispielzeug

Babys wollen alles anfassen, erforschen, entdecken und auch in den Mund stecken. Daher ist es wichtig, dass es sich um hochwertiges Spielzeug handelt, von dem keine Gefahr ausgeht. Wenn Sie für Ihr Kind Spielzeug suchen, mit dem es gleichzeitig auch gefördert wird, dann sollten Sie nach speziellem Montessorispielzeug schauen. Es zeichnet sich dadurch aus, dass es schön, bunt, hochwertig, langlebig und pädagogisch wertvoll gestaltet ist. Montessorispielzeug blinkt nicht, piept nicht und besteht auch nicht aus Plastik, sondern vielmehr aus hochwertigen Materialien wie Holz oder Stoff. Es besticht durch seine Einfachheit, durch klare Formen und Farben.

217. Selbst machen lassen

Ihr Baby sollte selbst ausprobieren dürfen, wie etwas funktioniert. Nur dann kann es dabei auch am meisten lernen. Viele Eltern neigen dazu, ihrem Kind alles wegzunehmen oder zu zeigen – genau das ist aber der falsche Weg. Lassen Sie es einfach die Dinge selbst ausprobieren und kennenlernen, das ist das beste Learning by Doing – natürlich nur dann, wenn es ungefährlich ist. Außerdem müssen Eltern auch nicht immer mitspielen, wenn ihr Baby gerade mal ganz in sich selbst versunken etwas spielt oder erforscht. Auch wenn es für die Erwachsenen nicht besonders aufregend erscheint: Wenn ein Baby eingehend seine Händchen inspiziert, dann sollte man es das ruhig auch mal in Ruhe machen lassen.

218. Dabei sein lassen!

Lassen Sie Ihr Baby möglichst häufig dabei sein, auch wenn es für Sie gerade unpraktisch ist. Nehmen Sie es mit in die Küche, wenn Sie Essen vorbereiten, lassen Sie es „mithelfen", statt dass Sie es aus der Küche aussperren. Nur so kann das Baby lernen, dass es ganz verschiedene Alltagssituationen gibt und wie es damit umgehen kann. Für das Baby ist alles neu und es gibt immer viel zu entdecken. Lassen Sie es, so weit es geht, am alltäglichen Leben teilhaben!

Funfacts über das Baby

Nachfolgend ein paar Funfacts über Babys, von denen Sie möglicherweise noch nie etwas gehört haben. Babys sind kleine Wunderwesen. Und was Sie jetzt erfahren, wird Sie vielleicht sogar ziemlich überraschen.

219. Babys weinen ohne Tränen

Babys weinen ohne Tränen. Das hat einen ganz simplen Grund: Die Tränenkanäle sind nach der Geburt noch nicht richtig ausgebildet. Bis es so weit ist, vergehen ca. acht Wochen nach der Geburt. Es ist also vollkommen normal, dass Neugeborene, wenn sie weinen oder schreien, noch keine Tränenflüssigkeit produzieren. Das heißt aber nicht, dass Babys ab acht Wochen immer dicke Krokodilstränen weinen, im Gegenteil. Auch dann noch ist es häufig der Fall, dass das Weinen nicht von Tränen begleitet wird, weil die Tränenflüssigkeit einfach noch nicht ausreichend ist.

220. Moro-Reflex

Haben Sie schon bemerkt, dass Ihr Neugeborenes die Ärmchen ruckartig hochreißt und dann ganz langsam wieder sinken lässt? Das ist kein Grund zur Sorge, denn es handelt sich dabei einfach um den sogenannten Moro-Reflex. Wie die meisten Reflexe ist dieser Moro-Reflex angeboren und lässt sich somit auch nicht steuern. Dieser Reflex wird, wie einige andere Reflexe auch, vom Kinderarzt bei der U2 untersucht. Ausgelöst wird er übrigens durch laute Geräusche, Erschütterungen und eine abrupte Veränderung der Kopfposition. Der Reflex verschwindet in den ersten Lebenswochen wieder. Man nennt ihr auch Umklammerungsreflex. Ursprünglich diente er dazu, dass sich das Baby in einer Gefahrensituation an seine Mutter klammern konnte und dadurch geschützt war.

221. Babys Geschmacksknospen

Kleine Babys sind echte Feinschmecker! Schon als Säugling haben sie ca. 10.000 Geschmacksknospen auf der Zunge. Diese sinken allerdings mit steigendem Lebensalter auf etwa 2.000. Die Entwicklung der Geschmacksknospen beginnt schon im Mutterleib, ab etwa dem 5. Monat der Schwangerschaft. Das bedeutet, dass das Baby, je nachdem, was seine Mutter isst, dabei die verschiedenen Geschmacksrichtungen kennenlernt. Der ausgeprägte Geschmackssinn ist übrigens auch ein Grund dafür, warum die erste Babynahrung nicht gewürzt werden sollte – das würde für Babys Zunge nämlich viel zu intensiv schmecken.

222. Babys werden viel zu früh geboren

Wenn man Menschenbabys mal mit anderen Säugetieren vergleicht, dann wird man feststellen, dass ein neugeborener Mensch noch ziemlich wenig überlebensfähig ist – im Gegensatz zu den anderen Säugetieren zumindest. Daher geht man mittlerweile davon aus, dass Menschenbabys schlichtweg viel zu früh geboren werden. Kurz gesagt: Jeder Mensch ist eine Frühgeburt. Laufen geht noch lange nicht, das Sehen funktioniert nicht gut. Außerdem ist das Baby permanent bedroht vor Auskühlung und Säuglingstod. Eigentlich müsste es also viel länger im Mutterleib bleiben, um noch ein wenig reifer zu werden.

223. Warum Babys oft bei der Geburt blaue Augen haben

Babys in der westlichen Welt haben meistens bei der Geburt blaue Augen. Das bedeutet aber nur, dass das Auge noch kein Melanin gebildet hat. Die endgültige Augenfarbe entwickelt sich erst später, was bedeutet, dass die meisten Babys, die bei Geburt blaue Augen haben, später dann doch braune Augen bekommen. Menschen mit blauen Augen werden immer seltener. Über die endgültige Augenfarbe des Kindes entscheiden mehrere Gene. Es bleibt also nichts anderes übrig, also abzuwarten, welche Augenfarbe Ihr Baby mal bekommt.

224. Babys können gleichzeitig atmen und saugen

Eigentlich ist das ziemlich praktisch: Babys können, wenn sie an der Brust saugen, gleichzeitig nuckeln und atmen. Sie verbinden dazu ihre Nase mit der Luftröhre in den Mund mit der Speiseröhre. Allerdings geht diese Fähigkeit schon mit einem Alter von drei Monaten verloren.

Ein Irrtum ist allerdings die Behauptung, die immer wieder aufgestellt wird, Säuglinge könnten gleichzeitig atmen und schlucken – das stimmt also nicht.

225. Storchenbiss

Mindestens ein Viertel aller Babys kommt mit dem sogenannten Storchenbiss zur Welt. Es handelt sich dabei um eine Art rötliches Mal am Hinterkopf oder am Nacken. Der Storchenbiss zählt zu den Feuermalen und verdankt seinen Namen der Körperstelle: Es sieht nämlich so aus, als wenn der Storch, der ja nach dem Volksglauben die Babys bringt, das Kind mit seinem Schnabel an dieser Stelle festgehalten hätte. Die Farbe des Storchenbisses ist unterschiedlich und der Fleck hat eine unregelmäßige Struktur, ist aber flach und nicht erhaben. Bis heute weiß man nicht ganz genau, wo dieses Mal herkommt. Die meisten Storchenbisse bilden sich übrigens im Laufe der Zeit wieder zurück.

226. Babys Stimme entspricht einem Düsenjet

Wenn Babys dann mal richtig loslegen mit Schreien, kann es ganz schön laut werden. Eltern wissen ein Lied davon zu singen. Was viele nicht wissen: Das Schreien ist sogar etwas lauter als ein Düsenjet. Forscher haben herausgefunden, dass Babys mit bis zu 120 Dezibel schreien können. Ab einer Lautstärke von 85 Dezibel wird bei der Arbeit bereits ein Gehörschutz vorgeschrieben. Der Krach kann also ziemlich intensiv werden – erst recht ein Grund, das Baby zu beruhigen.

Tipps zum Umgang mit dem Baby

Der alltägliche Umgang mit dem Baby will gelernt sein, aber immerhin ist noch kein Meister vom Himmel gefallen. Sie werden mit der Aufgabe als Papa wachsen. Ein paar Tipps zum Umgang mit Kind wollen wir nachfolgend aber noch mit auf den Weg geben.

227. Nicht schütteln

Das ist der wichtigste Tipp überhaupt: Schütteln Sie Ihr Baby nicht! Niemals und unter keinen Umständen. Auch wenn Sie noch so entnervt sind, dass Ihr Baby schreit und schreit. Wenn Sie es schütteln, können Sie es schwer verletzen. Weil ein Baby seinen Kopf noch nicht von alleine halten kann, kommt es dabei schnell zu einem Schütteltrauma, was fatale Folgen haben kann. Dabei können Blutgefäße und Nervenbahnen reißen und es kann zu einem Sauerstoffmangel kommen. Das wiederum könnte Blindheit, Krampfanfälle, Lernschwierigkeiten, Entwicklungsverzögerungen oder schwerste körperliche und geistige Beeinträchtigungen nach sich ziehen. Und das alles nur, weil Ihnen die Nerven durchgegangen sind? Dann lassen Sie Ihr Kind lieber kurze Zeit alleine an einem sicheren Ort liegen und reagieren sich kurz ab oder suchen Sie sich professionelle Hilfe bei einer Beratungsstelle.

228. Woanders übernachten lassen

Ab wann ist eigentlich der Zeitpunkt gekommen, zu dem Ihr Kind woanders übernachten kann? Das kann so pauschal nicht beantwortet werden, schließlich ist jedes Kind anders. Im ersten Jahr wird das meistens schwierig. Vielleicht sind ja Großeltern in der Nähe, bei denen Ihr Baby schlafen kann, dann sollte aber eine gute Vertrauensbasis bestehen. Außerdem stellt sich dann auch noch die Frage nach der Ernährung. Wird Ihr Baby gestillt, geht das nicht, es sei denn, Ihre Partnerin pumpt ab und das Kind trinkt aus der Flasche. Aber: keine Eile. Irgendwann ist er gekommen, der Zeitpunkt, und dann wird Ihr Nachwuchs wahrscheinlich von ganz alleine den Wunsch äußern, woanders zu schlafen.

229. Woran merkt man, dass das Baby schwitzt?

Babys sollten wenn möglich nicht überwärmen, schon aufgrund der Gefahr des plötzlichen Säuglingstods. Woran aber erkennt man, ob Baby schwitzt oder nicht? Am besten am Nacken. Wenn sich der Nacken leicht feucht und schwitzig anfühlt, ist es gut möglich, dass Ihr Baby schwitzt. Wenn die Haut sich angenehm warm und trocken anfühlt, ist hingegen alles okay. Wenn der Nackenbereich kälter erscheint als Ihre Hand, dann ist Ihrem Baby möglicherweise kalt.

Dass Hände und Füße kalt sind, ist übrigens ganz normal und sagt nichts darüber aus, ob Baby friert oder nicht. Hier ist wirklich der Nacken der beste Indikator.

230. Reizüberflutung vermeiden

Generell gilt bei Babys: Reizüberflutung vermeiden! Viele Eltern erkennen das nicht und denken, sie tun ihrem Nachwuchs etwas Gutes, wenn sie ihm immer wieder neues Spielzeug anbieten, es mit dem Gesicht nach vorne tragen oder immer Trubel herrscht. Dabei ist Reizüberflutung der häufigste Grund dafür, dass Babys schreien und sich nicht mehr beruhigen können. Vieles ist einfach zu anstrengend und das Baby ist schlichtweg überfordert, wenn zu viele Reize auf es einprasseln. Daher: Schirmen Sie Ihr Baby nicht von allem ab, aber vermeiden Sie auch ein Übermaß an Reizen – Ihrem Baby und sich selbst zuliebe.

231. Kein Parfüm, keine ätherischen Öle

Babys Nase ist schon gleich nach der Geburt extrem empfindlich. Sein Geruchssinn ist einer der wichtigsten Sinne und es soll, wenn es geboren wird, seine Mama und seinen Papa am Geruch erkennen. Und dann ist es auch okay, wenn der Mensch nach Schweiß riecht – das ist der ureigene und natürliche Menschengeruch. Vermeiden Sie also Parfüms und ätherische Öle, denn der vertraute Papa- und Mama-Geruch ist für Kinder im ersten halben Jahr unglaublich wichtig. Umgekehrt ist es ja auch so, dass Sie den ureigenen Babygeruch Ihres Kindes lieben werden – und nicht den Geruch nach Babypflegeprodukten. Ein Tipp: Wenn das Baby unruhig ist, kann es helfen, ein gebrauchtes T-Shirt von Mama oder Papa dazu zu legen, sodass es sich aufgrund des bekannten Geruchs beruhigt. Oft funktioniert das!

232. Zu viel Liebe gibt es nicht!

Eine ganz wichtige Regel, die man niemals oft genug wiederholen kann: Ein Zuviel an Liebe gibt es bei Babys nicht! Im gesamten ersten Jahr darf Baby ruhig mit Elternliebe überschwemmt werden, ohne dass Sie sich Sorgen machen müssten, es zu verwöhnen. Babys brauchen Liebe, sie brauchen Geborgenheit und Körperkontakt. Es wäre doch absolut irrational, ihnen dies vorzuenthalten. Viel Liebe ist eine gute Basis für Selbstbewusstsein, für eine enge Eltern-Kind-Bindung und legt den Grundstein für eine gute und gesunde Entwicklung. Also: Verwöhnen Sie Ihr Baby ruhig mit Liebe, so viel, wie es irgendwie geht.

233. Baby nackt strampeln lassen

Lassen Sie Ihr Baby ab einem Alter von ca. acht Wochen, so oft es geht, nackt strampeln. Zum einen ist das gut für die mitunter gestresste Haut am Po, zum anderen lieben es Babys, wenn sie sich die nackten Füße in den Mund stecken können. Und sie lieben es auch, wenn sie strampeln können und dabei ihre eigene Haut sich berührt und mal nicht zwischen diversen Stoffschichten „verpackt" ist. Wenn es in der Wohnung warm genug ist, dürfen Babys also ruhig immer mal wieder nackig sein.

234. Rituale

Warum sind Rituale eigentlich so wichtig? Das hat mehrere Gründe. So helfen Rituale Babys dabei, dass der Tagesablauf eine verlässliche Struktur hat und dass es sich sicher und geborgen fühlen kann. Rituale sind Dinge, die immer wieder wiederholt werden und die Babys Stabilität und Geborgenheit vermitteln. Ein Baby kann noch keine Regeln verstehen, aber es kann sie später einfacher lernen, wenn es von Geburt an gewisse Rhythmen und Strukturen erleben darf. Rituale fördern die Selbstständigkeit, sie schaffen Ordnung, reduzieren Ängste und machen stark für Krisen. Das sind also mehr als genug Gründe, oder? Anfangen mit den Ritualen können Sie schon nach wenigen Wochen. Dabei muss es sich nicht um großartige Zeremonien handeln, kleine Rituale reichen völlig aus. Manche davon geschehen ganz zufällig, wie beispielsweise, dass Papa abends die Zähne putzt oder Mama das letzte Buch vor dem Schlafengehen vorliest.

235. Fernseher bleibt aus!

Am besten ist es, wenn gerade in den ersten Wochen und Monaten Ihr Fernseher ausbleibt. Zumindest sollten Sie niemals das Baby einfach vor den Fernseher setzen. Denn: Babys können noch nicht erkennen, dass es sich bei der Person im Fernseher um eine Nachrichtensprecherin handelt. Sie versuchen also, mit dieser Person durch Geräusche und Gesten in Kontakt zu treten, und es ist ziemlich frustrierend, wenn derjenige so gar nicht reagiert. Babys und Kleinkinder brauchen Zuwendung und Anregung, aber keine Bildschirmmedien. Sie brauchen echte Personen, die mit ihnen reden, interagieren und spielen.

Beziehungstipps während des ersten Jahres

Das erste Jahr mit Baby ist eine ziemliche Bewährungsprobe. Die Beziehung wird jetzt bis aufs Äußerste strapaziert. Kleiner Trost: Es geht allen Paaren so und Gott sei Dank überstehen das die meisten Partnerschaften auch problemlos. Dennoch ist es mitunter ganz schön anstrengend, wenn man auf einmal nicht mehr nur Paar, sondern eine kleine Familie ist und sich alles, wirklich alles nur noch um das Baby dreht.

236. Empathie zeigen

Einer der wichtigen Tipps: Zeigen Sie Empathie, auch wenn es manchmal schwerfällt. Empathie mit Ihrer Frau, deren Körper Höchstleistungen vollbracht hat – durch die Schwangerschaft und durch die Geburt – und die jetzt rund um die Uhr für ihr Baby da ist. Dass bei der Frau nun das Baby an erster Stelle steht, ist zwar für manche Männer nur schwer zu akzeptieren, es ist aber vollkommen normal bzw. es entspricht der Natur, dass Mütter sich für ihren Nachwuchs vollständig aufopfern. Im Tierreich ist das schließlich nicht anders. Eine Mutter, zumal eine frischgebackene Mutter, wird ihr Kind immer an die erste Stelle setzen, das hat überhaupt nichts mit ihrer Liebe zu ihrem Partner zu tun, da es eine ganz andere Art von Liebe ist: Es ist Mutterliebe.

237. Priorität für Sex verschieben

Auch das mag hart klingen, ist aber Realität und ebenfalls ganz normal: Die meisten Mütter können es sich nicht im Traum vorstellen, nur wenige Wochen nach der Geburt wieder Sex zu haben. Da ist der Dammschnitt, der noch nicht richtig verheilt ist, und da sind die Brüste, die permanent auslaufen. Und Sex hat nun mal nach der Entbindung bei den meisten Müttern absolut keine Priorität. Aber auch das sollte eine gute Partnerschaft aushalten können. Es wäre ja schade, wenn sich die Beziehung nur über die Sexualität definieren würde. Auch hier kann man nur sagen: Alles zu seiner Zeit. Die Zeit, zu der beide wieder zur Sexualität zurückfinden, kommt – ganz sicher.

238. Kommunikation

Das A und O in der ersten Zeit ist eine gute Kommunikation. Hören Sie nicht auf, miteinander zu kommunizieren! Sprechen Sie Dinge an, die Ihnen auf dem Herzen liegen, denn ansonsten können Sie auch nichts verbessern. Keiner kann Gedanken lesen. Also: Hören Sie nicht auf zu kommunizieren, sprechen Sie über Ihre Sorgen, Ängste, Nöte, über Fehler und Probleme. Aber diskutieren Sie Dinge nicht zu Tode. Mit einem Baby heiße Diskussionen oder Streitgespräche zu führen, ist meistens ohnehin nicht möglich. Wichtig ist nur, dass Ihnen beiden eine Kommunikation erhalten bleibt.

Übrigens kann es auch sehr hilfreich sein, einfach mal über etwas anderes zu reden als über das Baby.

239. Zeit zu zweit planen

Planen Sie ausreichend Zeit zu zweit ein. Das ist zwar oftmals wirklich schwierig, aber schaffen Sie sich, wenn irgend möglich, regelmäßig einen Freiraum nur für sich beide. Es reicht schon eine Stunde pro Woche, in der das Baby vielleicht bei der Oma oder der Freundin ist. Und es muss natürlich auch nicht gleich von Anfang an sein, aber mit wenigen Monaten kann das Baby durchaus auch mal ein oder zwei Stunden bei einer vertrauten Person bleiben – aber nur, wenn das für alle Beteiligten okay ist. Egal, ab wann: Irgendwann ist eine Zeitspanne, in der die Eltern babyfrei haben, auf jeden Fall wichtig und gut für die Beziehung.

240. Auch mal Abstand halten

Sie fühlen sich vollkommen eingeengt vom Vaterdasein, vom Baby, von allem? Dann brauchen Sie auch mal Zeit für sich. Und das gilt für Ihre Frau natürlich ebenso. Einfach mal durchatmen, Luft holen, innehalten und nur sich selbst im Fokus haben – das ist genau das, was in den ersten Monaten und Jahren zu kurz kommt. Schaffen Sie sich diese Zeiträume, halten Sie auch mal Abstand zu allem, sodass Sie wieder neu durchstarten können. Möglichkeiten dafür gibt es viele: eine Runde schwimmen gehen, Joggen, einen Freund treffen, Fahrrad fahren – worauf immer Sie Lust haben.

241. Vereinbarung, sich nicht scheiden zu lassen

Es mag zwar lustig klingen, aber treffen Sie eine Vereinbarung mit Ihrer Partnerin, dass Sie sich im ersten Babyjahr auf keinen Fall scheiden lassen werden, egal, was kommt. Viele Paare sind im ersten Jahr kurz davor, alles hinzuschmeißen. Aber genau das ist vollkommen normal und menschlich, wenn ein Baby plötzlich die Partnerschaft „sprengt". Nach dem ersten Jahr wird es fast immer besser – gedulden Sie sich also ein wenig, bevor Sie voreilig das Handtuch werfen.

242. Hohe Ansprüche

Keiner von Ihnen beiden ist schuld daran, dass die erste Zeit mit Baby ein regelrechter Beziehungskiller ist. Das Baby aber auch nicht! Wer aber ist dann schuld daran? Vermutlich die überhöhten Ansprüche, die Eltern haben. Viele Paare haben im Kopf, dass sie eine perfekte kleine Familie sind, wenn erst mal ein Baby da ist. Sie lieben sich gegenseitig und opfern sich auf – eine romantische, aber leider auch ziemlich unrealistische Vorstellung. Denken wir mal an unsere Vorfahren zurück: Der Mann ging hinaus zum Jagen, während die Frau mit dem Nachwuchs alleine zurückblieb. Da war nichts mit Romantik, da ging es ums nackte Überleben. Zwar haben wir heute eine andere Gesellschaft und ein anderes Leben, aber es ändert sich nichts daran: Es gibt, wenn erst mal Nachwuchs da ist, widrige Umstände, die leider oft ein Beziehungskiller sind. Lassen Sie es nicht so weit kommen, schrauben Sie Ihre Ansprüche zurück.

243. Würdigen Sie Ihre Frau!

In Forschungsergebnissen fand man heraus, dass Frauen mit ihrer Ehe oder Partnerschaft zufriedener sind, wenn sie weniger belastet sind. Eigentlich ist das ja auch keine allzu große Überraschung, oder? Je mehr der Mann also den Beitrag der Frau würdigt, desto zufriedener ist die Frau in der Partnerschaft. Das heißt nicht, dass Sie alles übernehmen sollen, aber jede Frau freut sich darüber, wenn ihre Leistung als frisch gebackene Mutter anerkannt wird und der Mann auch mal nachts aufsteht, um ihr beizustehen.

244. Mit Baby ist alles anders

Es kann schon ausreichen, diese Tatsache einfach zu akzeptieren, anstatt zu ignorieren: Mit Baby läuft eine Partnerschaft anders. Die Beziehung ändert sich von Grund auf, sobald einmal Nachwuchs da ist. Wenn wir uns darüber im Klaren sind, ist schon vieles gewonnen. Auch wenn die Beziehung noch so modern ist und kein Rollenbild im Kopf existiert, wird es am Anfang darauf hinauslaufen: Die Mutter hat die Mutterrolle inne, der Vater ist erst mal außen vor. Die Partnerschaft-Zufriedenheit sinkt immer mehr ab, alles dreht sich ums Baby. Ein Kind bedeutet für die Partnerschaft zweifelsohne eine Herausforderung – besser also, Sie nehmen das gleich so als gegeben hin. Solange Sie aber mit Ihrer Partnerin im Gespräch bleiben und sich respektieren, ist das meistens gut machbar.

Alles zum Kinderwagen

Den richtigen Kinderwagen zu finden, kann schon eine echte Herausforderung sein. Haben Sie Ihr Modell gefunden, gibt es eine Menge an Zubehör zu kaufen und auch im Winter sollten Sie einiges bedenken, wenn Sie mit Ihrem Baby viel unterwegs sind.

245. Fahrradanhänger

Schon für kleine Babys ab etwa einem Monat gibt es Fahrradanhänger. In diese Anhänger wird dann einfach ein spezieller Babysitz eingebaut, in dem auch schon die Kleinsten sitzen können. Der Sitz wird so befestigt, dass er sicher sitzt und Stöße abfedert. Das Baby sitzt darin wie in einer stabilen Hängematte, nur eben im Anhänger. Mit einem speziellen 5-Punkte-Gurt wird das Kind angegurtet, sodass auf keinen Fall etwas passieren kann. Allerdings sollten Sie mit Baby im Anhänger nicht zu flott unterwegs sein, sondern eher kleine und gemächliche Fahrradtouren unternehmen. Die Wege sollten besser nicht zu holprig sein.

246. Babyjogger

Für Eltern, die gern joggen gehen, könnte so ein Kinderwagen eine gute Wahl sein. Das Kind lehnt sich zurück, Mama und Papa drehen eine Runde – mit einem Babyjogger ist das kein Problem. Allerdings sollten Sie beim Kauf eines Babyjoggers auf ein paar Dinge achten. Spezielles Augenmerk liegt auf den Rädern, da diese, wenn sie groß sind, besser über Unebenheiten hinweg laufen. Wenn die Räder mit Luft gefüllt sind, dient das einer besseren Federung des Wagens und erhöht fürs Baby den Komfort. Babyjogger können Sie ab einem Alter von etwa sechs Monaten verwenden.

247. Baby nach vorne schauen lassen?

Am Anfang besser nicht! Viele Eltern sind der Meinung, sie tun ihrem Nachwuchs etwas Gutes, wenn sie ihn mit dem Gesicht nach vorne schauen lassen. Dem ist aber nicht so. Gerade kleine Kinder mit weniger als einem Jahr wollen mit Mama oder Papa in Interaktion treten. Sie wollen das Gesicht ihrer Eltern sehen, mit ihnen kommunizieren. Das geht aber nicht, wenn sie nach vorne gewandt sitzen. Außerdem kann es dann viel schneller zu einer Überreizung kommen, wenn Baby ständig etwas Neues sieht. Auch wenn es mit dem Gesicht zum Elternteil gewandt ist, kann es die Umgebung entdecken – geben Sie ihm also die Möglichkeit und Sicherheit, dass es Mama oder Papa in Blickweite hat.

248. Ausstattung im Winter

Was gehört im Winter in einen Kinderwagen hinein? Auf jeden Fall eine dicke Decke oder Wolldecke und unters Baby möglichst ein warmes Lammfell oder eine Fellnachbildung. Sie sollten nicht vergessen, dass Ihr Kind sich im Kinderwagen überhaupt nicht bewegt und somit der Kälte komplett ausgeliefert ist. Außerdem können Babys ihre Körpertemperatur noch nicht richtig halten und nicht ausreichend Wärme speichern. Wird das Baby auf dem Arm getragen, gibt man sich gegenseitig Wärme ab, im Kinderwagen ist dem leider nicht so. Auch ein Fußsack kann im Winter für Babys, die bereits sitzen können, eine gute Investition sein.

249. Zubehör

Zubehör für Kinderwagen gibt es jede Menge. Da wäre zum einen der Fußsack für den Winter, weiterhin Kinderwagentaschen zum an den Lenker hängen, die diversen Kleinigkeiten Platz bieten. Ein Kinderwagenkissen kann gut als Rückenstütze fürs Baby dienen, ein Moskitonetz ist im Sommer super gegen lästige Mücken. Ein Sonnenschirm oder Sonnensegel sorgt dafür, das Baby keine Sonnenstrahlen abbekommt, und einen Regenschutz sollten Sie ebenfalls in petto haben. Für einige Kinderwagenmodelle gibt es auch passende Shopper, sprich, Einkaufstaschen, die vorne an der Lenkstange befestigt werden können. Eine Kette über dem Kinderwagen kann Baby mit interessanten Spielsachen ablenken.

Reisen mit dem Baby

Reisen mit Baby? Na klar – warum denn auch nicht. Allerdings muss eine Reise mit Baby ganz anders vorbereitet werden als ohne. Nicht selten hat das Baby mehr Gepäck als seine Eltern – Kinderwagen, Autositz, Babytrage, Kleider, Windeln, Zubehör ... Das alles nimmt ziemlich viel Platz weg. Damit im Urlaub kein Frust aufkommt und alle Beteiligten die Reise auch wirklich genießen können, nachfolgend ein paar wichtige Tipps für die schönste Zeit des Jahres.

250. Fliegen mit dem Baby

Grundsätzlich ist das Fliegen mit Baby kein Problem. Sollte allerdings Ihr Baby unter gesundheitlichen Problemen wie Ohrenentzündungen, Bauchschmerzen oder Atemwegserkrankungen leiden, sollten Sie den Flug besser noch mal verschieben. Kleinkinder unter zwei Jahren müssen für den Flug meistens nur eine geringe Gebühr bezahlen. Kinderwagen und Buggy werden von den meisten Fluggesellschaften kostenlos mitgenommen. Ins Handgepäck sollten Wechselkleidung, Windeln, Feuchttücher und bei Bedarf Babynahrung. Weil es im Flugzeug immer wieder zu Temperaturschwankungen kommen kann, ist der sogenannte Zwiebellook zu empfehlen: Ziehen Sie Ihrem Baby mehrere dünne Schichten übereinander. Beim Start oder der Landung fangen viele Kinder an zu schreien, weil der Druck in den Ohren schmerzt. Dann kann etwas zum Essen oder Trinken oder der Schnuller hilfreich sein.

251. Ab wann mit Baby reisen?

Ab wann kann man eigentlich mit einem Baby reisen? Das kann man so allgemein nicht sagen. Es gibt keinen richtigen Zeitpunkt – das ist individuell vollkommen unterschiedlich, es hängt von Ihnen ab und auch von Ihrem Baby. Es gibt Eltern, die fliegen mit einem wenige Wochen alten Baby um den Erdball, andere trauen sich nicht zu, eine Kurzstrecke mit dem Auto zurückzulegen. Generell aber kann man sagen, dass Sie es erst einmal ruhig angehen lassen sollten, da Ihr Baby erst einmal in der großen Welt ankommen muss, auch ganz ohne Reise. Meistens klappt eine Reise ab ca. drei Monaten ganz gut. Für Babys ist das Wichtigste, dass seine ihm vertrauten Bezugspersonen, i.d.R. seine Eltern, dabei sind. Wenn das Baby gesund und munter ist, spricht auch nichts gegen eine erste Reise, es muss ja nicht gleich eine Weltreise sein, von der ein Baby ohnehin noch nicht viel hat.

252. Richtig Koffer packen

Was braucht das Baby im Urlaub? Nicht selten hat der Nachwuchs auf Reisen das meiste Gepäck. Denken Sie an

- Milchpulver und Fläschchen plus Sauger, falls Baby nicht mehr voll gestillt wird
- Sterilisiergerät
- Lätzchen
- Abgekochtes Wasser für die Fahrt
- Teller und Tasse, Löffel
- Reiseapotheke mit Thermometer, Wund- und Heilsalbe sowie Insektenschutzmittel
- Ausreichend Kleidung
- Sonnenschutz als Mütze und Creme
- Badesachen
- Spielsachen
- Windeln und Wickelzubehör

253. Sonnenschutzcreme

Wenn es an Ihrem Reiseziel heiß ist, kann es sein, dass der Kreislauf Ihres Babys ziemlich leidet. Reisen Sie daher, wenn möglich, nicht unbedingt im Hochsommer in südliche Regionen. Zudem ist es wichtig, dass das Baby, wenn es warm ist, immer ausreichend Flüssigkeit zu sich nimmt.

Außerdem sollten Babys im ersten Lebensjahr niemals Sonne ausgesetzt sein. Denken Sie trotzdem an einen guten Sonnenschutz oder an Kleidung, die mit UV-Schutz ausgestattet ist (Mütze langärmliges Shirt). Die Mütze sollte auch den empfindlichen Nacken gut vor der Sonne schützen.

254. Gesundheit vor Ort

Kümmern Sie sich schon vor der Reise darum: Wie sind die Hygienestandards am Reiseziel? Kann das Wasser für die Zubereitung von Babynahrung verwendet werden? Gibt es in der Nähe der Unterkunft ein Krankenhaus oder eine Arztpraxis? Braucht das Kind eventuell zwingend eine Impfung? Wo gibt es eine Apotheke? Besteht eine besondere Gefahr durch Insekten?

Denken Sie auch daran, dass Sie an einigen Reisezielen unbedingt eine extra Reiseversicherung benötigen, weil ansonsten die Krankenkasse nicht für eine medizinische Behandlung einspringt. Und das kann ganz schön teuer werden.

255. Winterurlaub

Bei einem Urlaub im Schnee muss der Koffer natürlich anders gepackt werden als im Sommer. Denken Sie daran, dass Ihr Baby bei einem Ausflug in die Berge oder in die Kälte immer ausreichend warm eingepackt sein muss. Vergessen Sie neben einem warmen Overall nicht die Mütze und Handschuhe, eventuell auch einen Schal.

Aber auch im Winter kann eine Sonnencreme erforderlich sein, denn die Babyhaut ist die intensive Höhensonne noch nicht gewöhnt. Noch besser aber ist es, es bekommt im ersten Lebensjahr überhaupt keine Sonne ab.

256. Lange Autofahrten

Lange Autofahrten mit Baby sind meistens ein Graus. Zwar lieben Kinder Autofahrten, aber eben nicht unbedingt stundenlang, schon gar nicht, wenn sie ein wenig älter sind und Bewegungsdrang entwickelt haben. Am besten ist es also, Sie planen schon von vornherein mindestens alle zwei Stunden eine Pause ein. Halten Sie etwas zum Essen und Trinken für Ihr Baby bereit und schützen Sie es mithilfe eines Rollos im Seitenfenster oder mit einem Mulltuch vor der Sonne. Ist das Baby wach, wird es bestimmt gerne mit einem Bilderbuch oder einem kleinen Spielzeug unterhalten.

257. Reisedokumente

Welche Dokumente braucht ein Baby eigentlich auf Reisen? Das kommt darauf an, wo die Reise hingeht. Bei einer Reise ins Ausland kann je nach Ziel ein Kinderreisepass nötig sein, der rechtzeitig vorher beantragt werden muss. Schauen Sie am besten beim Auswärtigen Amt nach, welche Bedingungen für die Einreise in Ihr Urlaubsland bestehen. Wichtig ist außerdem die Krankenversicherungskarte und ggfs. je nach Ziel eine zusätzliche Auslandsreisekrankenversicherung.

Spielzeug und weitere Beschäftigungen für das Baby

Braucht schon ein ganz kleines Baby Spielzeug? Und wenn ja: welches? Worauf sollten Eltern beim Kauf achten? Was fördert seine Entwicklung, was wäre zu viel des Guten?

258. Erster Spaziergang

Schon wenige Tage nach der Geburt können Sie den ersten Spaziergang unternehmen. Zugegeben, es ist ziemlich aufregend, wenn Sie das erste Mal mit Ihrem Baby ins Freie gehen, aber die frische Luft tut ihm auf jeden Fall gut. Wenn es eher warm ist, sollten Sie die Mittagsstunden meiden und den Spaziergang auf den Morgen oder den Nachmittag verlegen, ist es hingegen kalt, gehen Sie am besten über Mittag ins Freie. Packen Sie es je nach Jahreszeit ausreichend warm ein und schützen Sie es immer vor Sonneneinstrahlung.

259. Gegenstände zum Greifen

Wenn Ihr Baby nach ein paar Wochen greifen kann, dann werden kleine Greifspielzeuge interessant. Egal, ob aus Holz, aus Kunststoff oder aus weichem Stoff, mit Geräusch oder ohne – es gibt für jedes Baby etwas Passendes. Damit kann es Farben und Formen, aber auch Materialien erkunden und bestaunen. Beim Greifen wird die Feinmotorik Ihres Babys geschult, außerdem die Auge-in-Hand-Koordination. So kann Ihr Baby selbst herausfinden, wie es das Spielzeug zum Quietschen oder Knistern bringt. Achten Sie beim Kauf von Greiflingen auf die Qualität und auf Sicherheitsaspekte – Prüfsiegel und TÜV-Berichte sind eine gute Orientierung, genau wie auch Kundenbewertungen, falls Sie online kaufen.

260. Beißring

Ein Beißring kann dann interessant und hilfreich sein, wenn Baby zahnt. Beißringe können in den Kühlschrank gelegt werden und wenn Baby dann darauf herumkaut, helfen sie, den Schmerz etwas zu lindern. Meistens ist es zwischen dem 4. und dem 6. Monat so weit, dass das Baby zahnt. Auch hier sollten Sie beim Kauf darauf achten, dass der Ring mit einem Qualitätssiegel ausgezeichnet ist. Beißringe gibt es unter anderem aus Holz, aus Kunststoff, aus Naturkautschuk, aber auch aus Baumwolle. Einige davon sind gleichzeitig Kuscheltier oder Schmusetuch, außerdem unterscheiden sich Beißringe in ihrer Oberflächenstruktur.

261. Baby Activity Center

Eine wirklich tolle Sache ist ein Baby Activity Center oder ein Spielbogen. Ein Spielbogen besteht aus Holz oder Kunststoff und ist so konzipiert, dass das Baby auf einer Decke direkt darunter platziert werden kann. Am Spielbogen hängen verschiedene Spielsachen, die das Baby dann nach Herzenslust entdecken kann. Bei einigen Modellen lassen sich die angehängten Spielsachen sogar beliebig austauschen.

Ein Activity Center kann beispielsweise ein Holzbrett sein, an dem Schrauben, Knöpfe, Rasseln und dergleichen angebracht sind, sodass das Baby jede Menge zum Entdecken und Ausprobieren hat. Es gibt sie in verschiedenen Ausfertigungen und Größen, auch als Würfel oder als Wagen zum Schieben.

262. Erstes Kuscheltier

Brauchen Babys Kuscheltiere? Auf jeden Fall! Bedenken Sie aber, dass Sie möglicherweise schon zur Geburt mit Kuscheltieren regelrecht überhäuft werden. Halten Sie sich also mit dem Kaufen etwas zurück. Generell haben Kuscheltiere für Babys und Kleinkinder eine ganz besondere Bedeutung, sie werden ständiger Begleiter und es entsteht eine innige Bindung. Meistens hat das Kind schnell eines der Kuscheltiere als Lieblingstier auserkoren, welches überall dabei sein muss. Falls Sie doch ein Kuscheltier kaufen: Achten Sie auf die Qualität und die Verarbeitung. Und es darf natürlich gerne auch ein wenig kuschelig sein.

Achten Sie aber darauf, dass in den ersten Lebensmonaten ein Kuscheltier noch nicht ins Babybettchen gehört.

263. Spieluhr

Eine Spieluhr sorgt dafür, dass der Schlafplatz besonders heimelig für das Baby wird. Wenn Baby immer wieder dieselbe Musik hört und sich daran gewöhnt, kann es ihm vielleicht sogar beim Einschlafen helfen. Eine Spieluhr ist ein wunderschöner Begleiter in den ersten Lebensmonaten, mehr noch: Viele Frauen legen die Spieluhr bereits in der Schwangerschaft auf ihren Bauch, damit das Baby sich schon an die Melodie gewöhnen kann. Man geht davon aus, dass Babys nach der Geburt genau diese Melodie dann wiedererkennen können.

264. Alles bio?

Natürlich müssen nicht alle Spielsachen vom Baby bio sein, aber wenn Sie Spielzeug mit Bio-Siegel für Ihr Baby kaufen, können Sie sich sicher sein, dass sich darin keine Schadstoffe befinden. Viele Bio-Spielsachen werden außerdem fair und umweltfreundlich hergestellt, auch das sollte für junge Eltern ein wichtiger Aspekt sein. Bio-Spielsachen werden meistens aus Holz oder Wolle gefertigt, die Farben sind umweltverträglich und ungiftig für Babys. Das Siegel „Spiel gut“ zum Beispiel zeigt an, dass es sich um eine hohe Qualität handelt. Hochwertige Bio-Baumwolle stammt aus kbA, Schurwolle aus kbT. Es gibt aber übrigens auch Spielzeug aus bio-zertifiziertem Plastik, falls es dann doch mal Kunststoff-Spielzeug sein soll. Zudem sollte das Spielzeug BPA und PVC frei sein.

265. Brauchen Babys Spielzeug?

Brauchen Babys überhaupt Spielzeug? In den ersten drei Monaten nicht generell. Sie werden schnell feststellen, dass Ihr Baby am Anfang noch ganz in sich versunken mit seinen Händen und Füßen spielt und danach werden dann meistens genau die Dinge interessant, die eigentlich gar kein Spielzeug sind: Papas Handy, ein Schlüssel, eine Plastikschüssel, ein Löffel, eine kleine Plastiktüte … Babys wollen alles erkunden und erforschen, ihnen ist es egal, ob es sich dabei um ein hochwertiges Spielzeug handelt oder nicht. Alles ist interessant und die Welt will entdeckt werden. Das heißt, dass ein Baby tatsächlich noch kein Spielzeug braucht, auch wenn es meistens schon bei der Geburt damit überhäuft wird.

266. Holz oder Plastik?

Die Frage stellt sich natürlich allen Eltern, ob es lieber Holz oder lieber Plastik sein soll. Generell sollte man Spielzeug aus Plastik nicht schlechtreden, vor allem, weil es für Kinder oft einfach interessanter ist als farbloses Holz. Dennoch hat ein Spielzug aus Holz viele Vorteile, allerdings nur dann, wenn es ökologisch behandelt und nachhaltig gewonnen wurde. Es sollte sich also um naturbelassenes oder natürlich gefärbtes Holz handeln, ohne Schadstoffe behandelt. Viele Hersteller verwenden hier Farben auf Wasserbasis oder Pflanzenfarben, Bienenwachs oder Öl. Auch Holzspielzeug gibt es in allen Varianten, Farben und Formen.

267. Gebrauchtes Spielzeug

Nachhaltigkeit sollte nicht nur jungen Eltern am Herzen liegen. Es ist allemal nachhaltiger, Sie kaufen für Ihren Nachwuchs gebrauchte Spielsachen als immer nur neue. Auch aus hygienischer Sicht brauchen Sie keine Bedenken haben, im Gegenteil: Sollte das Spielzeug Schadstoffe enthalten, ist die Chance groß, dass diese bei gebrauchtem Spielzeug bereits ausgedünstet sind.

Kinder spielen mit ihren Spielsachen oftmals nur eine kurze Zeit, sodass gebrauchte Dinge meistens noch top erhalten sind. Bevor Sie also immer alles neu kaufen, schauen Sie auf Kinderbörsen oder im Internet, ob es nicht auch eine gebrauchte Alternative tut. Das schont die Ressourcen, den Geldbeutel und die Umwelt!

268. Warum alleine spielen so wichtig ist

Was würde passieren, wenn ein Baby permanent von seinen Eltern bespaßt wird? Das würde dazu führen, dass das Baby es niemals lernt, sich alleine zu beschäftigen. Es ist später als Kind schnell gelangweilt und kann sich nur schlecht konzentrieren. Wenn Sie also Ihrem Kind im Minutentakt immer wieder etwas Neues zeigen, kann das Gehirn sich nicht mehr merken, was es gelernt hat. Zum Lernen braucht ein kindliches Gehirn viel Zeit und viele Wiederholungen anstatt immer wieder neue Anreize. Es reicht, Ihrem Baby etwas in Reichweite zu legen, wenn es greifen kann, damit es sich das Teil selbst nehmen kann. Dadurch kann es lernen, sich alleine ausgiebig mit etwas zu beschäftigen. Sie sind nicht Babys Alleinunterhalter, was aber auch nicht heißt, dass Ihr Baby keine Aufmerksamkeit braucht. Sie sollten es nur, wenn es gerade alleine spielt, auch mal allein spielen lassen und sich nicht immer einmischen.

269. Minimalismus im Kinderzimmer

Die Läden und Onlineshops sind übervoll mit diesen Spielsachen für jedes Alter. Allerdings sollten Sie darauf achten, dass im Kinderzimmer eher Minimalismus herrscht. Ein Baby braucht nicht etwa eine Auswahl an 20 verschiedenen Spielzeugen, es wäre damit nämlich nur überfordert. Kaufen Sie ihm lieber gezielt ein paar hochwertige, teure Spielsachen anstatt Dutzende kleine. Was für welches Alter ideal ist, das hängt vom Entwicklungsstand des Kindes ab. Wenn sich Ihr Baby damit ausgiebig beschäftigt, dann ist es genau das Richtige. Geben Sie Ihrem Kind auch immer nur wenige Dinge zur Auswahl, auch wenn generell mehr Spielzeug vorhanden ist. Es reicht, wenn Baby aus drei Dingen auswählen kann anstatt aus 30. Beim Thema Spielzeug gilt ganz klar, auch wenn es schwerfällt: Weniger ist mehr.

270. Aktiv und passiv spielen

Wohl alle Kinder finden blinkende und bunte Spielsachen ausgesprochen interessant. Allerdings wird das Kind mit derlei Spielsachen einfach nur bespaßt. Es geht dabei um passives Spielen, dabei sollte ein Baby auch mal aktiv spielen. Aktiv spielen, das heißt, sich mit dem Baby beschäftigen und gemeinsam Dinge entdecken. Wenn Babys stattdessen ihre Zeit nur mit blinkenden Spielzeugen verbringen, dann wird sie das in ihrer Entwicklung nicht voranbringen. Achten Sie also darauf, dass zwischen passivem und aktivem Spielen ein ausgewogenes Verhältnis herrscht.

271. Braucht das Kind Förderspielzeug?

Manche Eltern meinen, jedes einzelne Spielzeug, was ihr Baby bekommt, braucht auch einen pädagogischen Wert. Dann werden diverse Förderspielzeuge angeschafft, damit das Kind einen positiven Lerneffekt beim Spielen hat. Das braucht es aber gar nicht – zumindest nicht immer. Ein Kind lernt nämlich von ganz alleine, wenn es spielt. Es lernt, die Welt zu verstehen und Zusammenhänge zu begreifen. Es lernt durch Neugierde und durch Ausprobieren, dazu braucht es nicht unbedingt pädagogisch wertvolles Spielzeug, sondern Eltern, die mit ihm zusammen spielen oder die ihm auch einfache Dinge als Spielzeug geben und es ihm so ermöglichen, die Welt kennen- und verstehen zu lernen.

272. Pädagogisches Spielzeug

Das soll natürlich nicht heißen, dass pädagogisches Spielzeug generell unnötig ist für Kinder, ganz im Gegenteil. Pädagogisches Spielzeug zielt darauf ab, die Fähigkeiten eines Kindes zu fördern. Es regt die Fantasie Ihres Babys an und zeichnet sich darüber hinaus durch eine hohe Lebensdauer ab. Es wird eingehend geprüft und dann mit einem Siegel ausgezeichnet, zum Beispiel mit dem „Spiel gut“-Siegel.

Haus sicherer machen

Es geht schneller, als es den Eltern lieb ist: Mit etwa sechs Monaten beginnen die meisten Babys, mehr oder weniger mobil zu werden. Zuerst wird die Umgebung robbend erkundet, dann folgt das Krabbeln und ab etwa einem Jahr ist Baby dann auch zu Fuß unterwegs. Das Wichtige ist jetzt, dass Sie Ihre Wohnung gut absichern, denn für Babys lauern in einem normalen Haushalt jede Menge Gefahren.

273. Küche

Putzmittel sollten immer außerhalb der Reichweite von Kindern aufbewahrt werden. Kleine Kinder sind neugierig und lieben alles, was bunt ist. Schlimmstenfalls sind das Reiniger, die von den Kindern vielleicht für einen leckeren Saft gehalten werden. Bewahren Sie Reinigungsmittel und auch Medikamente also immer absolut kindersicher auf. Auch andere Dinge wie zum Beispiel elektrische Geräte in der Küche müssen kindersicher weggepackt werden. Außerdem gilt immer noch: „Messer, Gabel, Schere und Licht sind für kleine Kinder nicht". Weder der Herd noch die Schublade mit Besteck, noch der Wasserkocher, Mixer oder Toaster sind für Babys oder Kleinkinder gedacht. Am Herd ist Verbrennungsgefahr, Kinder sollten heiße Töpfe und Pfannen nicht herunterziehen können. Ein Herdschutzgitter ist eine gute Investition.

Lassen Sie also Ihr Baby niemals und unter keinen Umständen ohne Aufsicht in die Küche.

274. Verschluckbare Dinge wegpacken

Bekanntermaßen stecken kleine Babys alles, was nicht niet- und nagelfest ist, in den Mund. Das birgt eine ziemlich hohe Gefahr des Verschluckens oder Erstickens. Sobald das Baby auf dem Boden unterwegs ist, müssen Sie dafür sorgen und penibel darauf achten, dass sich auf dem Boden keine kleinen Teile befinden. Es geht schneller, als Sie schauen können, dass Ihr Baby etwas in den Mund steckt, was gefährlich werden könnte. Also: Damit ist nicht zu spaßen. Kleinteile haben auf dem Fußboden, auf dem Babys unterwegs sind, nichts verloren.

275. Steckdosen

Steckdosensicherungen sind nicht teuer und schnell angebracht. Kaufen Sie für alle Steckdosen, die von Ihrem Kind erreicht werden können, Steckdosensicherungen, sodass die Steckdose für kleine Babyhände oder Finger nicht gefährlich werden kann. Die kleinen Löcher in einer Steckdose sind nämlich ausgesprochen spannend und animieren regelrecht dazu, einen Finger hineinzustecken. Ganz ähnlich verhält es sich mit Stromkabeln oder -leitungen. Diese sollten für Kinder unzugänglich aufbewahrt werden.

276. Treppenschutzgitter

Wenn Sie in Ihrem Haus oder Ihrer Wohnung eine Treppe haben, muss diese mit einem Treppenschutzgitter gesichert werden. Hier gibt es eine gute Auswahl auch an Modellen, für die die Wand nicht verletzt werden muss. Am besten sind Gitter, die sich mit einer Hand auf- und zuklappen lassen und die unten am Boden keine Stolperfalle darstellen, also schwellenfrei zu begehen sind. Pro Treppe brauchen Sie zwei Stück, also ein Gitter oben und eines unten. Eine Treppe stellt immer eine enorme Sturzgefahr dar und ist daher für Babys richtig gefährlich.

277. Wickeltisch

Schon ein kurzer Moment Unaufmerksamkeit kann reichen, dass das Baby vom Wickeltisch fällt – und das meistens zu einem Zeitpunkt, zu dem es Eltern ihren Sprössling noch gar nicht zutrauen. Einmal ist eben immer das erste Mal, an dem sich Baby umdreht. Lassen Sie Ihr Kind auf dem Wickeltisch niemals aus den Augen, auch nicht nur ganz kurz. Im Zweifelsfall wickeln Sie Ihr Baby lieber mal auf dem Boden, denn das ist mit Abstand der sicherste Wickelplatz.

278. Stühle weg von Fenstern

Generell sollten Fenster abgesichert sein, aber wenn in der Nähe ein Stuhl oder Ähnliches steht, ist das für Kinder eine richtige Einladung zum Hochklettern. Halten sie also Stühle, Hocker und Regale am besten fern von Fenstern. Es gibt zusätzlich abschließbare Fenstergriffe für Fenster und Balkontüren, damit Ihr Nachwuchs nicht auf falsche Ideen kommt. Auf dem Balkon sollte ein Kind überhaupt niemals alleine gelassen werden.

279. Schubladensicherungen

Schubladen laden nicht nur geradezu dazu ein, sie auszuräumen und zu erkunden, das Baby kann sich auch die Finger ordentlich darin einklemmen. Damit genau das nicht passiert, sind Schubladensicherungen eine feine Sache. Sie werden einfach in die Schubladen eingebracht und können dann nur von den Eltern geöffnet werden. Babys Hände bleiben somit vor dem Einquetschen verschont und alles, was sich in der Schublade befindet, ist vor Babys neugierigen Händen sicher.

Weitere Tipps & Tricks für den Alltag inklusive Fakten

Viele wichtige Dinge wurden nun bereits gesagt. Das Thema Baby im ersten Jahr ist aber unerschöpflich – ein paar weitere Tipps und Tricks für den Babyalltag wollen wir Ihnen nachfolgend noch mit an die Hand geben. Dann sind Sie für jeden Fall gut gerüstet.

280. Kochen lernen, falls Sie es noch nicht können

Wenn Baby da ist, wird gesunde und ausgewogene Ernährung immer wichtiger, denn der Nachwuchs soll schließlich gesund aufwachsen und genügend Vitamine und Nährstoffe zu sich nehmen. Viele Eltern kommen dann auf den Trichter, selbst zu kochen und viel mehr frisches Essen auf den Tisch zu stellen. Eine gute Entscheidung! Denken Sie auch daran: Sie als Eltern sind (nicht nur) in Sachen Ernährung Vorbild! Sollten Sie nicht kochen können, wäre jetzt der perfekte Zeitpunkt, es zu lernen. Kaufen Sie sich ein gutes Kochbuch für Eltern oder schauen Sie sich entsprechende YouTube-Videos an zu einfachen, schnellen und gesunden Gerichten. Ja, die gibt es!

281. Babys Saugbedürfnis

Nicht umsonst nennt man Babys von Geburt an Säuglinge. Es gilt als gesichert, dass Säuglinge ein Saugbedürfnis haben, was weit über die Nahrungsaufnahme hinausgeht. Das heißt: Auch wenn Baby keinen Hunger hat, möchte es gerne an irgendetwas saugen. Es hilft ihm beim Einschlafen, beim Trösten und es erleichtert sogar die Verdauung, so fand man heraus. Babys fangen daher recht schnell an, an ihren eigenen Händchen zu saugen. Oder die Eltern geben ihm einen Schnuller, damit es nicht permanent an der Brust hängt. Ein Schnuller allerdings wird kontrovers diskutiert. In den ersten Wochen kann er zur Saugverwirrung führen und wenn sich das Baby erst mal daran gewöhnt hat, ist es meistens eher schwierig, ihn wieder abzugewöhnen. Das allerdings ist wiederum einfacher, als ihm den Daumen abzugewöhnen. Sie sollten also in jedem Fall abwägen, ob Ihr Baby einen Schnuller bekommen soll oder nicht.

282. Erste-Hilfe-Kurs buchen

Spätestens mit Kind wird es Zeit, sich mit dem Thema Erste Hilfe ein wenig genauer auseinanderzusetzen. Kinder sind entdeckungsfreudig und daher immer latent in Gefahr. Schnell hat sich der Nachwuchs mal verschluckt, stürzt irgendwo hin oder zieht sich eine Verletzung zu. Und dann ist es gut, wenn Sie nicht völlig panisch reagieren und den Kopf verlieren, sondern genau wissen, was zu tun ist. In einem Notfall können wenige Sekunden ausschlaggebend sein. Kümmern Sie sich also am besten darum, einen Erste-Hilfe-Kurs zu besuchen, es gibt sogar Kurse, die speziell auf Notfälle mit Kindern ausgerichtet sind. Das gibt Ihnen ein gutes und sicheres Gefühl.

283. Welche Arzneimittel darf meine Frau in der Stillzeit verwenden?

In der Stillzeit darf Ihre Frau, genau wie auch in der Schwangerschaft, viele Medikamente überhaupt nicht einnehmen, da diese in die Muttermilch und somit auch auf das Kind übergehen können. Das ist verständlich, wenn es aber doch mal so weit kommt, dass Medizin benötigt wird, ist es gut zu wissen, was geht und was nicht. Zum einen sollte der Arzt wissen, was erlaubt ist, zum anderen auch die Hebamme oder Stillberaterin. Auf der folgenden Seite https://www.embryotox.de/arzneimittel/ können Sie aber auch selbst herausfinden, welche Medikamente jetzt bedenkenlos eingesetzt werden können. Vielleicht gibt es ja auch eine Alternative aus der Natur, die ohne jegliche Nebenwirkungen das Gewünschte erzielt.

284. Mit Vätern in gleicher Situation unterhalten

Austausch mit Gleichgesinnten tut immer gut! Wenn Ihre alten Freunde und Kumpels nämlich gerade nicht zufällig Eltern geworden sind, werden sie Ihre Sorgen und Nöte nur schwerlich verstehen können und wahrscheinlich auch nicht immer brennendes Interesse an Babygeschichten haben. Das Verständnis ist meistens begrenzt – ist ja auch irgendwie klar, denn wer selbst kein Kind hat, kann nicht nachvollziehen, wie Eltern denken und fühlen. Sie sollten daher nach Möglichkeiten schauen, sich mit Gleichgesinnten austauschen – auf dem Spielplatz, bei den Vätern der Krabbel- oder Babygruppe etc. Das heißt ja nicht, dass Sie sich nur noch mit jungen Vätern treffen sollen, aber ab und zu mal ein Austausch ist auf jeden Fall wichtig.

285. Wind- und Wettercreme für Babys

Brauchen Babys auf ihrem Gesicht eine Creme? Nicht unbedingt. Eine gesunde Haut kann sich meistens von selbst schützen. Es gibt aber auch Ausnahmen. Wenn es draußen so richtig kalt wird, dann ist die empfindliche Babyhaut der Witterung schutzlos ausgeliefert und braucht möglicherweise eine besondere Pflege. Eine Wind- und Wettercreme kann gute Dienste leisten. Allerdings sollten Sie möglichst darauf achten, dass es sich um zertifizierte Naturkosmetik handelt, denn in vielen Babycremes stecken Formaldehyd, Duftstoffe oder halogenorganische Verbindungen, teilweise auch Mineralölkohlenwasserstoffe und dergleichen. Wollen Sie Ihrem Baby so etwas auf die Haut auftragen? Vermutlich eher nicht. Sollte Ihr Baby an Neurodermitis leiden, ist es erst recht wichtig, Pflegeprodukte mit möglichst nur wenigen Inhaltsstoffen zu wählen.

286. Immer Feuchttücher dabei haben

Mit Baby im Schlepptau sind Sie gut damit beraten, immer Feuchttücher bei sich zu haben. Entweder muss es gewickelt werden, es kleckert sich beim Essen oder Stillen voll, die Händchen kleben … dann sind Feuchttücher super zum Saubermachen. Alternativ tut es aber auch ein feuchter Waschlappen, den Sie in eine gut verschließbare Plastikbox geben und der dann immer einsatzbereit ist. In der Wickeltasche sollten also Feuchttücher oder ein nasser Waschlappen niemals fehlen.

287. Väter-Treffen bei Elternschulen

Lust auf Austausch mit anderen Papas? Dann schauen Sie sich am besten einmal nach den Angeboten in Ihrer Nähe um. Elternschule, Familienbildungsstätten und Volkshochschulen haben meistens ein umfangreiches Programm an Eltern-Kind-Kursen und insbesondere auch an Vater-Kind-Kursen. Dabei können Sie Kontakte zu anderen Vätern knüpfen, Sie sind unter Gleichgesinnten und sehen, dass Sie mit Ihren Problemen nicht alleine auf der Welt sind. Und auch Ihr Baby freut sich, wenn es andere Babys kennenlernen darf, denn soziale Kontakte sind für alle wichtig: für Eltern und Nachwuchs gleichermaßen.

288. Notrufnummern einspeichern

Sorgen Sie vor, falls es doch einmal zum Notfall kommt. Damit Sie dann nicht völlig überfordert sind mit der Situation, ist es sinnvoll, die wichtigsten Telefonnummern in greifbarer Nähe zu haben oder sie gleich abzuspeichern. Dazu gehören allen voran die Telefonnummern des behandelnden Kinderarztes, der Kinderklinik in der Nähe, des Notarztes sowie der Giftnotrufzentrale. Dann sind Sie für den Fall der Fälle vorbereitet.

289. Elternschule

Erkundigen Sie sich am besten, in welcher Stadt in Ihrer Nähe es eine Elternschule gibt. In Elternschulen werden junge Eltern von Geburt an begleitet bis hin zu diversen Baby-Kursen wie Baby Massage, PEKIP, Pilates mit Baby etc. Der Fokus liegt dabei meistens auf die Begleitung in den Wochen und Monaten nach der Geburt. Oft werden darüber hinaus auch Erste-Hilfe-Kurse speziell für Kindernotfälle und andere wichtige Kurse angeboten. Sie können dabei mit anderen Eltern ins Gespräch kommen und Kontakte knüpfen und Ihr Baby wird es genießen, erste zarte Kontakte zu anderen Babys aufzunehmen.

290. Ebay-Kleinanzeigen

Kennen Sie schon eBay-Kleinanzeigen? Mit Baby ist das eine richtig gute Adresse. Hier werden gebrauchte Dinge von A bis Z für Babys und Eltern verkauft. Es muss schließlich nicht immer etwas Neues sein. Babys sind so schnell aus ihren Klamotten rausgewachsen, dass es deutlich günstiger ist, auch mal auf gebrauchte Dinge auszuweichen. Meistens sind diese sogar noch richtig gut erhalten, weil sie gar nicht lange verwendet wurden. Sie können eBay-Kleinanzeigen aber natürlich auch nutzen, um selbst Dinge zu verkaufen, die Sie nicht mehr benötigen. Das ist nachhaltig und schont die Umwelt, darüber hinaus aber auch Ihren Geldbeutel.

291. Krabbelgruppe

Krabbelgruppen werden oft von der Kirche, manchmal auch privat organisiert. Hören Sie sich um, wo in Ihrer Nähe es ein entsprechendes Angebot gibt. Ihr Baby muss übrigens noch nicht zwingend krabbeln können, um daran teilzunehmen. Auch über die Krabbelzeit hinaus bleiben diese Kontakte oftmals über viele Jahre bestehen. In Krabbelgruppen wird gespielt, gesungen, gesprochen und der Nachwuchs steht immer im Mittelpunkt.

292. Testament schreiben

Sie denken lieber noch nicht an Ihren eigenen Tod? Das ist mehr als verständlich, wenn Sie gerade erst Nachwuchs bekommen haben. Daran denkt vermutlich keiner gerne, dennoch ist es nicht ganz von der Hand zu weisen: Irgendwann einmal ist es für jeden so weit. Zwar hoffentlich noch nicht so schnell, aber der Tod gehört nun mal leider zum Leben dazu. Wenn Sie Nachwuchs haben, ist es umso wichtiger, für den Ernstfall vorbereitet zu sein: Schreiben Sie also, am besten gemeinsam mit Ihrer Partnerin, ein Testament, in dem geregelt wird, was passiert im Fall der Fälle.

293. Erster Geburtstag

So schön sie ist, die erste Zeit mit Baby: Sie vergeht wie im Flug. Im Nullkommanichts ist das erste Jahr um und der erste Geburtstag steht an. Nur: Wie soll dieses kleine „Event" am besten kindgerecht gefeiert werden? Auf keinen Fall sollten Sie einen richtigen Kindergeburtstag mit vielen Gästen planen. Die Zeit der Kindergeburtstage kommt ohnehin noch früh genug. Entscheiden Sie sich für ein paar wenige Gäste, die über den Tag verteilt oder sogar über mehrere Tage verteilt kommen. Oftmals ist es schon aufregend genug, wenn die Großeltern zu Besuch kommen. Für Einjährige ist so ein Geburtstag ein ziemlicher Trubel, der dafür sorgen kann, dass sie sich ziemlich überfordert fühlen und dann mit schlechter Laune und Weinen darauf reagieren. Sie sollten Ihr Baby also an seinem Ehrentag besser nicht überfordern.

294. Bedürfnisorientierte Erziehung

Immer mehr kam in den letzten Jahren der Begriff bedürfnisorientierte Pädagogik auf. Es handelt sich dabei um eine Art der Erziehung, die davon ausgeht, dass Kinder und Erwachsene gleichwertig sind. Diese Art von Pädagogik ist also ganz auf die Bedürfnisse von Kindern abgestimmt. Diese werden voll respektiert, sodass eine gute Beziehung zum Kind erreicht werden kann. Man vermeidet es dabei, ein bestimmtes kindliches Verhalten zu bestrafen oder zu bewerten. Stattdessen wird es als Signal gedeutet und als eine Art der kindlichen Kommunikation. Man geht also davon aus, dass Kinder mit einem bestimmten Verhalten gar nicht ihre Eltern provozieren, sondern vielmehr mit ihnen kooperieren wollen.

295. Mir ist langweilig!

Mir ist so langweilig, so schrecklich langweilig – und was nun? Viele Kinder tun sich schwer damit, sich allein zu beschäftigen. Sie brauchen immer jemanden an ihrer Seite, der sich mit ihnen abgibt und sie beschäftigt. Versuchen Sie daher von Anfang an, Ihren Nachwuchs auch mal alleine spielen zu lassen, wenn er gerade zufrieden ist. Viele Eltern meinen, sie müssten auch dann, wenn ihr Kind gerade im Spiel versunken ist, immer wieder intervenieren und es regelrecht „bespielen". Dabei tut es Kindern gut, wenn sie auch mal mit sich selbst beschäftigt sind. Aber: Nicht jedes Kind kann ausgiebig alleine spielen, auch wenn seine Eltern ihm den Freiraum dafür geben. Denken Sie daran: Jedes Kind ist anders, das eine fordert mehr, das andere weniger.

296. Was bei rotem Po?

Egal, mit welcher Art von Windeln Sie wickeln, ob mit Stoff oder mit Wegwerfwindeln: Fast jedes Baby wird im Laufe seiner Wickelzeit mal wund oder sogar immer mal wieder. Es bleibt einfach nicht aus, wenn die Haut immer Pipi und Stuhlgang ausgesetzt ist. Aber Sie können ziemlich viel dagegen tun. Als Erstes hier wieder der Hinweis auf Muttermilch, ein Mittel, das gegen fast alles hilft. Hilfreich sind auch spezielle Zink- oder Calendula-Salben, die auf den Windelbereich aufgetragen werden. Viele Eltern machen mit Heilwolle oder Bouretteseiden-Einlagen richtig gute Erfahrungen, die auf die wunden Stellen gelegt werden. Wenn nichts hilft: Lassen Sie Ihr Baby eine Zeit lang ohne Windeln, Luft fördert nämlich ebenfalls den Heilungsprozess.

297. Babypopo föhnen?

Der Gedanke mag zwar naheliegend erscheinen, den Baby-Popo nach dem Wickeln trocken zu föhnen, man kann aber nur dringend davon abraten. Zwar wird die Haut dabei schön trocken und auch angenehm gewärmt, zudem wird Baby das Geräusch des Föns möglicherweise lieben. Aber: Sollte das Baby, während der Föhn läuft, urinieren und der Urinstrahl gelangt irgendwie ins Innere des Föns, kann es zu einer Explosion kommen. Das ist ein Horrorszenario, welches nicht von der Hand zu weisen ist, weil es tatsächlich, wenn auch selten, passieren kann. Übrigens ist auch der Urinstrahl bei Mädchen nicht kontrollierbar. Es besteht aber noch eine weitere Gefahr beim Trockenföhnen: Kommt der Föhn zu dicht an die Babyhaut, kann es aufgrund der starken Hitze zu Hautschädigungen kommen. Ist der Popo offen oder wund, ist die Hitze genau das Falsche. Trocknen Sie die Babyhaut am Po also lieber durch Abtupfen mit einem weichen Waschlappen ab, das ist allemal besser als der Föhn.

298. Kinder lieben Wiederholungen!

Können Sie sich vorstellen, ein und dasselbe Buch immer und immer wieder zu lesen? Vermutlich nicht. Aber Babys ticken hier eben anders. Sie lieben Wiederholungen! Alles kommt wieder – das ist ein Gefühl, was Kindern Geborgenheit vermittelt in der komplizierten, lauten und bunten Welt. Wiederholungen sind in der Kindheit ausgesprochen wichtig. Genau das erklärt auch, warum Rituale so wichtig sind, denn dabei handelt es sich um nichts anders als

Wiederholungen. Jetzt wissen Sie also, warum Kinder immer und immer wieder dasselbe Buch vorgelesen bekommen oder dasselbe Spiel spielen wollen. Es schenkt Vertrauen durch Bekanntes und das wirkt auf das Kind wie ein Anker. Das Gefühl, etwas bereits zu kennen, schenkt ihm Sicherheit und Selbstbewusstsein. Außerdem bekommt es durch regelmäßige Wiederholung Erfolgserlebnisse, weil das einen Lerneffekt mit sich bringt.

299. Babys brauchen Sicherheit

Babys brauchen jede Menge Geborgenheit, das steht außer Frage. Babys brauchen auch ein Sicherheitsgefühl. Denn je kleiner das Baby, desto mehr ist es auf Dritte angewiesen, wenn es um sein Wohlbefinden geht. Kinder brauchen also zum Großwerden Verlässlichkeit und Sicherheit, und zwar vor allem in Bezug auf Beziehungen und den Tagesablauf. Dabei bekommen sie Vertrauen, um wieder neue Herausforderungen meistern zu können. Babys und Kleinkindern gibt es Sicherheit, wenn immer alles gleich oder ähnlich abläuft. Hier sind wir wieder beim Stichwort Rituale. Auch wenn Eltern es vielleicht nicht verstehen können, warum abends der Stoffbär immer im genau gleichen Winkel am Bett sitzen muss – genau das aber schenkt Ihrem Baby Sicherheit. Es bedeutet nicht, dass das Kind später mal ein besonders penibler Mensch werden würde.

300. Was ist eine Regulationsstörung?

Wenn Babys in den ersten Monaten ihres Lebens sehr viel schreien, ging man früher von Dreimonatskoliken aus. Heute spricht man dabei vielmehr von einer Regulationsstörung. Was das bedeutet? Es bedeutet ganz einfach, dass das Baby sich noch nicht selbst regulieren kann. Es kann nicht regulieren, dass es entspannt ist, es ist vielmehr mit den vielen Reizen, die auf es einwirken, überfordert. Eine Regulationsstörung ist etwas ganz Normales, was bei sehr vielen Babys in den ersten Wochen auftritt. Sollte es für Sie als Eltern unerträglich werden, dann holen Sie sich am besten professionelle Hilfe bei einer Schreiambulanz.

Vater-Kind-Bindung

Es bleibt nicht aus, dass Väter sich sorgen, ob sie es genau wie ihre Partnerin schaffen, zu ihrem Baby eine gute und innige Bindung aufzubauen. Schließlich sind sie beim Thema Stillen naturgemäß außen vor. Aber eine gute Bindung definiert sich glücklicherweise nicht ausschließlich durch das Stillen. Sicherlich hat Ihre Partnerin Ihnen in den ersten Wochen und Monaten etwas voraus, was Sie ihr definitiv nicht abnehmen können. Es gibt aber noch 1001 andere Dinge, die Sie für eine gute Vater-Kind-Beziehung tun können. Es liegt also an Ihnen!

301. Bonding - was ist das?

Haben Sie schon mal etwas von Bonding gehört? Noch nicht? Dann wird es Zeit. Bei Bonding handelt es sich um ein regelrechtes Zaubermittel, welches Sie und Ihr Baby ein Leben lang zusammenschweißen kann. Das gilt für den Papa genauso wie für die Mama. Bei Bonding wird das Neugeborene – gerne wendet man es übrigens auch bei Frühchen an – direkt auf den Bauch von Mama und Papa gebunden, und zwar meistens nackig, sodass Haut an Haut liegt. Dabei fühlt es die Wärme und den Herzschlag und es schenkt ihm Geborgenheit. So einfach, so effektiv.

302. Wie funktioniert Bonding?

Durch den engen Körperkontakt werden beim Baby, aber auch bei beiden Elternteilen regelrecht Glückshormone ausgeschüttet, zum Beispiel Oxytocin. Es unterstützt nicht nur während der Geburt die Wehentätigkeit, sondern lässt danach auch die Muttermilch fließen. Es sorgt dafür, dass kleine und große Menschen sich entspannen und rundum zufrieden fühlen. Und das geht mit Papas Brust oder Bauch genauso gut wie mit Mamas. Sollte Ihr Kind direkt nach der Geburt medizinisch versorgt werden, bleibt für das Bonding auch noch danach jede Menge Zeit. Genießen Sie diese innige Zeit und nehmen Sie sich ausgiebig Freiraum dafür.

303. Vater-Kind-Rituale

Sorgen Sie dafür, dass es Papa-Kind-Rituale gibt, die Ihnen beiden vorenthalten sind. Väter gehen nämlich meistens anders mit ihrem Nachwuchs um als Mütter. Es sollte also durchaus Dinge geben, die exklusiv immer Sie mit Ihrem Baby tun. Das sorgt dafür, dass Ihre Bewegung gestärkt und Ihr Zusammenleben harmonisch wird. Das kann zum Beispiel ein soziales Ritual vor dem Einschlafen sein oder gleich morgens nach dem Aufstehen. Es kann auch ein Wochenend-Ritual sein, welches sich durch die nächsten Lebensjahre des Kindes zieht. Zum Beispiel an einen See oder Fluss fahren und Enten beobachten oder Ähnliches. Mit Ritualen schaffen Sie Geborgenheit und stärken die Familiengemeinschaft. Es hilft Ihrem Kind dabei, Regelmäßigkeit und Struktur in den Tag oder die Woche einzubringen, und es schafft Vertrautheit und Geborgenheit.

304. Warum die Vater-Kind-Bindung oft erst später entsteht

Lassen Sie sich und Ihrem Baby ausreichend Zeit, um eine innige Bindung aufzubauen. Seien Sie sich sicher: Ihre Zeit kommt! Es ist nun mal von Natur aus so vorgegeben, dass die Mutter das Kind stillt und demzufolge mehr Zeit mit ihm verbringt als er Papa. Manchmal fangen Babys mit einem halben Jahr sogar an, bei ihrem eigenen Vater zu fremdeln, und viele Papas empfinden das regelrecht als Affront. Hier kann man nur sagen: Geduld! Väter bauen oft erst ein wenig später eine wirklich innige Beziehung mit ihrem Nachwuchs auf. Die Stillzeit geht vorbei und dann sind Sie an der Reihe und es liegt ganz an Ihnen, so viel Zeit mit dem Baby zu verbringen, dass die Vater-Kind-Beziehung eine ganz besondere wird – auch über die Babyzeit hinaus bis zum Kleinkind, in den Kindergarten und natürlich auch noch in der Schulzeit.

305. Kuscheln, Kuscheln, Kuscheln

Väter fragen sich immer wieder, wie sie zu ihrem Kind eine gute Beziehung aufbauen können. So schwierig ist es gar nicht: durch Kuscheln, kuscheln und noch mal kuscheln. Körperliche Nähe ist am Anfang ohnehin das Wichtigste, damit Babys sich wohl und geborgen fühlen. Geben Sie Ihrem Baby körperliche Nähe dadurch, dass Sie es auf Ihrem Bauch schlafen lassen, tragen Sie es im Tragetuch herum, verbringen Sie viel Schmusezeit mit ihm. Das macht Babys glücklich und selbstbewusst, denn körperliche Nähe ist ein Grundbedürfnis, und zwar nicht nur im ersten Lebensjahr, sondern selbstverständlich auch weit darüber hinaus. Beim Kuscheln wird Oxytocin ausgeschüttet, ein Hormon, was uns rundherum glücklich macht – nicht nur das Baby, sondern auch Sie als Papa.

306. Vorlesen und den Tag reflektieren

Ein schönes Ritual, welches auch der Papa übernehmen kann – wenn das Baby etwas älter ist – ist das abendliche Vorlesen eines Buchs, das gemeinsame Reflektieren des Tags. Dabei muss das Kind noch nicht zwingend sprechen können. Erzählen Sie einfach, wie Ihr Tag war, und fassen Sie noch mal zusammen, wie der Tag Ihres Babys ablief. Das ist ein Ritual, welches Sie jahrelang beibehalten können und es hilft Ihrem Nachwuchs dabei, das Erlebte zu verarbeiten und abends glücklich ins Bett zu gehen. Es gibt ihm Sicherheit und Geborgenheit.

307. Nicht so streng mit sich selbst sein!

Klar, Sie dürfen als Papa durchaus hohe Ansprüche an sich selbst haben. Meistens besteht im Kopf schon ein Bild, was man als Papa alles machen möchte, wie man sich eine enge Papa-Kind-Beziehung vorstellt. Aber: Seien Sie nicht so streng mit sich selbst. Aller Anfang ist schwer. Wenn Sie nicht sofort wissen, was Baby will, wenn es weint, ist das ganz normal. Sowohl Sie als auch Ihre Partnerin müssen zuerst in eine neue Aufgabe hineinwachsen und das dauert einfach seine Zeit. Dass dabei auch mal Fehler passieren, ist menschlich. Anderen Eltern geht es ganz genauso.

308. Albern sein

Albern sein mit ihrem Baby, das können Papas oftmals sogar noch besser als Mütter. Mütter wollen alles richtig machen, sie sind, wenn sie stillen, Babys Versorger. Daher gehen Papas mit ihrem Nachwuchs oftmals ganz anders um. Nichts davon ist besser oder schlechter, es ist einfach anders. Während der Papa Quatsch macht, schaut die Mama, dass alles läuft oder funktioniert. Das soll nicht heißen, dass Papas nur für lustige und Mamas nur für ernste Dinge verantwortlich sind. Aber gerade das albern sein macht riesig viel Spaß und schafft mit dem Baby eine gemeinsame Ebene. Babys lieben es, wenn der Papa für jeden Quatsch zu haben ist.

309. Quality Time allein mit dem Baby

Auch wenn es sich bei einem gestillten Kind nicht unbedingt immer ganz einfach einrichten lässt: Planen Sie möglichst von Anfang an Zeitspannen ein, in denen Sie mit Ihrem Nachwuchs ganz allein sind. Schicken Sie Ihre Partnerin eine Runde spazieren oder zu ihren Freundinnen. Es muss ja nicht gleich den ganzen Nachmittag sein, am Anfang reicht schon eine halbe Stunde. Damit vertiefen Sie die Beziehung zu Ihrem Kind und die Mama lernt, ihr Baby auch mal abzugeben, ohne dass sie sich Sorgen machen muss. Das ist anfangs meistens nicht ganz einfach, aber wenn es sich um den Papa handelt, sollte es doch möglich sein.

Körpersprache des Babys

Was will mein Baby mir eigentlich sagen? Wer zum ersten Mal Eltern wird, tut sich verständlicherweise ziemlich schwer damit, es richtig zu interpretieren, wenn Baby sich äußert. Da Babys am Anfang nun mal noch nicht sprechen, sondern nur weinen können, ist es gar nicht so einfach, herauszufinden, was Sache ist. Aber: Babys haben auch eine ziemlich deutliche Körpersprache – man muss sie nur kennen und sich ein wenig damit auseinandersetzen, dann wird einiges klarer.

310. Augenreiben

Augenreiben ist ein eindeutiges und untrügliches Zeichen dafür, dass Babys müde sind. Nur wenn dieses Phänomen auch dann permanent vorkommt, wenn Baby eigentlich ausgeschlafen sein müsste, sollten Eltern aufhorchen: Vielleicht hat Baby dann einen Fremdkörper im Auge. Dann ist aber das Auge meist auch zugleich gerötet oder entzündet. Und das ist eher selten der Fall. Ansonsten ist Augenreiben tatsächlich vor allem ein Zeichen dafür, dass Baby schnellstens schlafen gehen sollte.

311. Griff zum Ohr

Ihr Baby fasst sich immer wieder ans Ohr? Dann haben Sie vermutlich Sorge, dass es Ohrenschmerzen hat. Das könnte sein, ist aber eher unrealistisch. Vielleicht hat Ihr Baby sein Ohr gerade erst entdeckt und will es nur erkunden? Wenn Babys, die sich ans Ohr fassen, keine anderen Symptome zeigen wie erhöhte Temperatur oder Ähnliches, besteht kein Grund zur Sorge. Es könnte aber auch sein, dass Baby zahnt. Manche Babys greifen sich als Art Selbstbeschäftigung ans Ohr, oder sie tun es dann, wenn sie gestresst, müde oder überfordert sind. Ziehen Sie sich mit Ihrem Baby zurück und gönnen ihm etwas Ruhe.

312. Wiederholungen von Bewegungen

Was ist der Grund dafür, dass ein Baby bestimmte Bewegungen immer und immer wieder wiederholt? Es dreht die Hand oder es tippt mit einem bestimmten Gegenstand an den Kopf, was manche Eltern regelrecht verunsichert oder beunruhigt. Es wird doch keinen Tick entwickeln? Nein, das wird es vermutlich nicht. Dieses Verhalten ist ganz normal bei Babys. Es schenkt ihnen Sicherheit und beruhigt. Wie an anderer Stelle bereits erwähnt, lieben Babys und Kleinkinder Wiederholungen. Es handelt sich dabei gerade bei kleinen Kindern um eine Art der Selbstberuhigung, mit der Baby es schafft, ruhig zu werden. Das ist doch generell schon mal etwas Gutes, oder?

313. Beine anziehen

Ihr Baby zieht immer wieder die Beinchen an den Bauch? Das könnte ein Zeichen dafür sein, dass es Bauchweh hat. Oder es leidet an Blähungen. Wenn das Baby aber ansonsten völlig zufrieden erscheint, dann wird es wohl keine Schmerzen haben. Ansonsten können Sie es mal mit einer vorsichtigen Bauchmassage probieren oder Sie nehmen Ihr Baby in den Fliegergriff, weil dabei der leichte Druck auf den Babybauch als entspannend und schmerzlindernd empfunden wird.

314. Hand nuckeln

Babys sind Säuglinge und nuckeln daher an allem, was ihnen in die Quere kommt – als Alternative zu Mamas Brust gerne auch mal an ihrem Finger oder ihrer Hand. Das ist ganz normal, es könnte ein Zeichen dafür sein, dass es Hunger hat oder müde ist. Manchmal nuckeln Babys auch ausgiebig an ihren Händchen, wenn sie leicht gestresst oder angespannt sind. Dabei können sie Reize besser verarbeiten. Dann sollten Sie ihm einfach eine kleine Auszeit gönnen.

315. Anstarren von Gegenständen

Dass Babys Gegenstände oder Gesichter anstarren, ist ganz normal. Die Gründe sind vielfältig: Das Baby ist fasziniert von einem bestimmten Gegenstand, es sieht Kontraste, interessante Farben oder etwas bewegt sich so faszinierend. Babyaugen werden von sich bewegenden Gegenständen regelrecht angezogen. Es bedeutet also schlichtweg, dass das, was Baby anstarrt, faszinierend auf es wirkt. Dabei dreht sich übrigens alles um Babys Entwicklung: Es bedeutet, dass sein Gehirn sich entwickelt und es dazulernt.

316. Babys Schreie richtig deuten

Wenn Babys schreien, kann das jedes Mal ein bisschen anders klingen. Das macht es für Eltern nicht gerade einfacher, herauszufinden, wo das Problem liegt. Müdigkeitsschreie gehen oft einher mit Meckern oder Augen reiben. Schmerzensschreie hingegen sind gellend hoch und aus Leibeskräften, Baby japst nach Luft und wirft sich heftig hin und her. Langeweile-Schreie sind eher ein Jammern in mittlerer Lautstärke, begleitet von Strampeln und Rudern mit den Armen. Insgesamt ist es also ziemlich schwierig, jedes Mal, wenn Baby weint, aufs Neue herauszufinden, wo der Schuh drückt. Aber nur die Ruhe: Irgendwann wissen Sie, was Ihrem Baby fehlt, und können es entsprechend trösten.

317. Rote Augenbrauen

Die Anzeichen von Müdigkeit bei einem Baby rechtzeitig zu erkennen, ist gar nicht so einfach. Klar, müde Babys weinen und sie reiben sich die Augen, das ist offensichtlich. Es gibt aber noch ein anderes Anzeichen, welches Ihnen zeigt, dass Ihr Baby müde sein könnte: Es hat um die Augenbrauen herum eine leicht gerötete Haut. Manche Babys werden auch direkt unter den Augenbrauen rot oder die Wimpern fangen an zu flattern. Es kann auch passieren, dass das Baby leicht schielt, weil es so müde ist, dass es die Augen nicht mehr koordinieren kann.

318. Geballte Fäustchen

Kleine Babys haben noch keine ausgeprägten motorischen Fähigkeiten, was bedeutet, dass sie ihre Händchen, wenn sie ganz entspannt sind, zu Fäusten ballen. Das muss also erst mal noch gar nichts heißen. Nur wenn das Baby außerdem angespannt erscheint und schreit, dann können geballte Fäustchen ein Anzeichen dafür sein, dass es Hunger hat. Wer Hunger hat, gerät in gewisser Weise unter Stress. Bei einem Baby zeigt sich Stress oft an geballten Fäustchen.

319. Ruckartige Bewegungen

Wenn das Baby kurze, ruckartige Bewegungen macht, könnte es sich dabei um den sogenannten Moro-Reflex handeln, bei dem es seine Fäustchen ballt und die Arme hochzieht. Es kann aber auch bedeuten, dass Ihr Baby übermüdet ist. Ruckartige Bewegungen von Armen und Beinen bedeuten mitunter, dass Baby jetzt Schlaf braucht. Diese Anzeichen gelten aber im Übrigen eher für kleinere Babys als für größere.

320. Baby drückt den Rücken durch und überstreckt sich

Auch das kennen alle Eltern: Das Baby wölbt den Rücken und überstreckt sich. Beim Füttern könnte das ein Anzeichen dafür sein, dass es Schmerzen oder Sodbrennen hat. Aber auch wenn Baby sich ärgert oder wütend wird, also kurz vor oder während des Schreiens, drückt es möglicherweise seinen Rücken durch. Es signalisiert ganz klar, dass ihm irgendetwas nicht passt und es frustriert oder ärgerlich ist.

321. Baby dreht den Kopf weg

Diese Bewegung darf man durchaus so interpretieren, wie sie auf den ersten Blick erscheint: Wenn Baby den Kopf wegdreht, hat es genug. Es ist überfordert oder dreht sich von einem Reiz weg, weil es ihm einfach für diesen Moment zu viel wird. Auch wenn ihm jemand Unbekanntes zu nahe kommt, dreht es den Kopf weg und kuschelt sich vielleicht sogar an Mama oder Papa. Wenn das Baby dabei jeglichen Augenkontakt meidet, dann empfindet es wahrscheinlich Unbehagen. Was jetzt hilft? Eine kleine Pause zusammen mit Mama oder Papa.

322. Müdigkeitsanzeichen bei Neugeborenen

Nicht bei jedem Kind zeigt sich Müdigkeit auf die gleiche Art und Weise. Ein paar Hinweise gibt es aber für Eltern durchaus, dass ihr Baby müde sein könnte. Dazu zählen ganz eindeutig Gähnen, ins Leere starren, ruckartige Bewegungen von Armen und Beinen, Rötungen um die Augen herum, Fäustchen machen, ins Leere starren, sich winden oder sich überstrecken. Schon nach einer kurzen Wachphase von einer Stunde kann es zu Müdigkeitsanzeichen kommen, immerhin brauchen Neugeborene sehr viel Schlaf.

323. Müdigkeitsanzeichen bei älteren Babys

Ein bisschen ändern sich die Anzeichen im Laufe der Zeit. Ältere Babys sind länger wach und wenn sie müde sind, gibt es ebenfalls einige eindeutige Anzeichen, die aber von Kind zu Kind unterschiedlich ausfallen können. Es legt den Kopf öfter an und will kuscheln, es gähnt, reibt sich die Augen, zieht sich am Ohr oder an den Haaren, es weint, lutscht am Daumen oder an den Fingern. Auch quengeln und seufzen können ein Zeichen dafür sein, dass Ihr Baby eine Mütze Schlaf braucht.

Babyschlaf verstehen

Das Thema Babyschlaf ist ziemlich komplex. Babys rauben ihren Eltern den Schlaf, und das nicht nur wochen-, monate-, sondern manchmal sogar jahrelang. Daher ist es immer gut, genau zu wissen, was es mit dem Schlaf auf sich hat, wie Babys Schlafrhythmus ist und mit welchen Tipps Sie die Lage vielleicht ein bisschen verbessern können.

324. REM-Phase

Nicht nur bei Babys, sondern auch bei Erwachsenen unterscheidet man in zweierlei Schlafphasen, nämlich REM und non REM. Allerdings laufen diese bei Babys etwas anders ab. REM-Schlaf, damit meint man die Phase Rapid Eye Movement, in der sich die Augen bewegen und in der man träumt. In der anderen Phase schlafen wir ruhig, tief und fest.

Der Traumschlaf, also der REM-Schlaf, macht bei Erwachsenen ca. 25 % aus, während er bei Neugeborenen noch bei 50 % liegt, bei Frühchen sogar bei 80 %. Der Anteil daran nimmt also im Lauf der Zeit immer mehr ab.

325. Schlaffenster

Babys schlafen nach ihrem Biorhythmus, der allerdings leider meistens nicht zu dem von uns Erwachsenen passt. Wichtig ist aber, dass Sie als Eltern die Signale verstehen, die Ihr Baby Ihnen gibt, wenn es müde ist. Deuten Sie diese falsch, kann es sein, dass Sie den richtigen Zeitpunkt fürs Schlafengehen verpassen, und dann wird es schwierig. Diesen Zeitpunkt nennt man übrigens auch „Schlaffenster“. Es handelt sich dabei um eine kurze Zeitspanne, in der das Einschlafen fürs Baby besonders einfach ist. Ist das Baby hingegen darüber hinaus, kann es lange dauern, bis das Einschlafen ohne Schreien möglich ist.

326. Schlafzyklen verstehen

Den Schlaf-Wach-Rhythmus, den Babys nach der Geburt haben, behalten sie zuerst einmal bei. Das heißt, die Schlaf- und Wachphasen sind noch gleichmäßig über Tag und Nacht verteilt. Erst im Laufe des ersten Lebensjahres wird sich das ändern in Richtung mehr Nacht- und weniger Tagschlaf.

Dass Babys dabei immer wieder nachts wach werden, ist also nicht nur vollkommen normal, sondern auch für die Entwicklung wichtig. In diesem Alter schlafen sie die ganze Nacht lang in einem leichten REM-Schlaf, der es überhaupt erst möglich macht, dass Baby seine Bedürfnisse wie Hunger, frieren oder Nähe bemerkt.

327. Nächtliches Aufwachen

Bis zum 6. Lebensmonat ist es völlig normal, dass Babys mindestens einmal in der Nacht aufwachen, denn sie benötigen mehrere Mahlzeiten in dieser langen Zeit. Theoretisch wären Babys ab etwa sechs Monaten dazu in der Lage, auch ohne Nahrung und ohne Aufwachen auszukommen. Aber eben nur theoretisch. In der Praxis sieht das meistens anders aus, sehr zum Leidwesen der Eltern. Leider setzen sich Eltern gerade hier in der westlichen Kultur häufig unter Druck, weil sie meinen, dass Baby jetzt unbedingt durchschlafen sollte. Aber: Wer schreibt vor, wann Babys durchschlafen müssen und warum?

328. Schlafbedürfnis nicht überschätzen!

Viele Eltern überschätzen leider das Schlafbedürfnis ihres Kindes. Denn auch hierin unterscheiden sich schon Babys: Das eine Kind braucht 18 Stunden Schlaf, das andere nur 14. Beim einen Kind verteilt sich der Schlaf auf fünf Schlafphasen, beim anderen auf deutlich mehr. Jedes Kind ist anders, daher sind Abweichungen vom Durchschnitt vollkommen normal. Wenn aber Eltern das Schlafbedürfnis ihres Kindes überschätzen, ist es klar, dass es zu Problemen kommt. Keiner geht gerne schlafen, wenn er überhaupt nicht müde ist. Wenn Ihr Kind also partout nicht schlafen will, ist es vielleicht gar nicht müde.

329. Berührung beim Einschlafen

Babys brauchen fast immer Körperkontakt zu Mama oder Papa, wenn sie einschlafen. Wenn Sie merken, dass es Ihrem Baby hilft, wenn Sie es berühren, dann sollten Sie ihm diese Nähe auch geben. Und auch wenn es mit ein paar Wochen oder Monaten danach verlangt: Schenken Sie ihm diese Nähe, die Zeit geht schneller vorbei, als Ihnen lieb ist. Manchmal gelingt es auch, das Baby ins Bettchen zu legen, während es schläft oder gerade am Einschlafen ist, ohne dass es wieder aufwacht.

330. Uneinigkeit beim Thema Schlaf

Beim Thema Einschlafen herrscht nicht nur Unsicherheit, sondern auch Uneinigkeit. Und das leider auch oft zwischen Mama und Papa. Sie sollten aber möglichst darauf achten, dass die Einschlafgewohnheiten und die Rituale sich zumindest ähnlich sind. Sie sollten, auch wenn Sie sich uneinig sind, auf feste Schlafenszeiten Wert legen und keine ungünstigen Gewohnheiten etablieren. Am besten ist es, Sie finden gemeinsam heraus, welche Schlafenszeit individuell für Ihr Baby die beste ist. Sicherlich dürfen Sie auch mal davon abweichen, aber Ihr Baby wird umso schneller durchschlafen, je mehr Sie sich daran orientieren.

331. Im Auto schlafen?

Klar, die meisten Babys schlafen selig und ruhig, wenn sie im Auto sind. Nach den ersten paar Hundert Metern sind auch Babys, die schwer in den Schlaf finden, zumeist eingeschlafen. Könnte es dann nicht eine Lösung sein, schlecht schlafende Babys einfach im Auto schlafen zu lassen? Nein, eher nicht. Ein Nickerchen im Auto ist für Babys längst nicht so entspannend wie im Bett oder in der Wiege. Außerdem sind für Babys Einschlafrituale sehr wichtig, die dann zu kurz kommen könnten. Kurz gesagt: Das Auto ist sicherlich nicht die richtige Schlafumgebung für Ihr Baby – ausnahmsweise darf es dort schlafen, aber möglichst nicht regelmäßig.

332. Wach bleiben lassen?

Der Gedanke mag verlockend sein: Man könnte doch das Baby einfach so lange wach lassen, bis man selbst ins Bett geht und dann erwartet die übermüdeten Eltern bestimmt eine Nacht, in der sie endlich mal durchschlafen können. Leider geht diese Rechnung aber meistens nicht auf, ganz im Gegenteil. Baby hat nämlich eine innere Uhr, nach der es schlafen will und nicht nach der inneren Uhr von Mama und Papa. Wenn Sie Ihr Baby also zu lange wach lassen, wird es wahrscheinlich schlecht in den Schlaf finden – Stichwort Schlaffenster. Damit ist also keinem gedient. Legen Sie Ihr Baby dann ins Bett, wenn es müde ist.

333. Schlaflied? Aber bitte selbst gesungen

Babys lieben es, in den Schlaf gesungen zu werden. Aber ihnen ist es dabei glücklicherweise vollkommen egal, ob Sie nun gut und melodisch singen können oder eher schief und falsch. Hauptsache ist, dass Sie singen! Und dass das Baby Mamas oder Papas Stimme hört. Perfektionismus ist hier also wahrlich fehl am Platz. Übrigens hilft Ihnen Ihr eigener Singsang möglicherweise auch dabei, ein wenig runterzukommen – umso besser also.

Vereinbarkeit von Familie und Beruf

Auch heute noch ist – leider – die Vereinbarkeit von Familie und Beruf leider ein schwieriges Thema. Zwar werben viele Unternehmen damit, dass sie die passenden Rahmenbedingungen schaffen, aber in der Praxis gibt es nach wie vor Probleme bei der Umsetzung. Für Paare kann es also eine echte Herausforderung sein, Job und Familie bestmöglich zu vereinbaren.

334. Plan B haben

Mit Kind und Job hilft alles nichts: Sie brauchen einen Plan B, denn für Eltern gibt es immer wieder spontane, unvorhersehbar Ereignisse, die alles auf den Kopf stellen. Kleines Beispiel gefällig? Sie stehen morgens auf, bereit für den Arbeitstag, aber Ihr Kind hat Fieber. Und jetzt? Schon ist Flexibilität verlangt. Fragen Sie, ob es möglich ist, dass zumindest einer von Ihnen im Homeoffice arbeitet, oder klären Sie rechtzeitig ab, ob Bekannte, Freunde, Nachbarn oder Großeltern bei der Kinderbetreuung mal einspringen können.

335. Ein wenig Egoismus schadet nicht

Einerseits gilt: Setzen Sie sich nicht unter Druck und schrauben Sie Ihre Ansprüche herunter. Denn eine perfekte Balance zwischen Familie und Beruf ist so gut wie nie zu erreichen. In manchen Zeiten erfordert der Beruf mehr Energie und Sie müssen Überstunden machen, in anderen Zeiten braucht Sie die Familie ganz besonders dringend. Andererseits sollten Sie selbst auch nicht zu kurz kommen. Ein wenig Egoismus ist also nie verkehrt. Und: Lernen Sie, nein zu sagen. Versuchen Sie, abends keine Arbeit mit nach Hause zu nehmen, auch wenn es schwerfällt. Die Doppelbelastung den Tag über ist schließlich schon anstrengend genug.

336. Organisation ist alles!

Wenn beide Eltern berufstätig sind, führt kein Weg daran vorbei, alles bis ins Detail zu organisieren. Darin sind Eltern sogar regelrecht Meister! Ein ganz simpler Kalender kann hier gute Dienste leisten. Oder verwenden Sie eine App, mit der beide Handys verbunden sind und in der beide Partner gleich auch die Termine vom jeweils anderen angezeigt bekommen. Das vereinfacht vieles! Machen Sie es sich zur Gewohnheit, täglich morgens und abends Ihre Termine zu aktualisieren und wo nötig, konkrete, anstehende Termine gut zu planen und zu organisieren. Damit verlieren Sie zwischen all den privaten und geschäftlichen Terminen nicht den Überblick.

337. Stärken optimal nutzen

Nutzen Sie Ihre Stärken gekonnt und gezielt. Jeder von Ihnen beiden hat erfahrungsgemäß seine Stärken und Schwächen. Teilen Sie alle anfallenden Arbeiten zu Hause sinnvoll auf. Wer mehr Organisationstalent hat, erstellt die Pläne und organisiert die anfallenden Aufgaben, der andere bringt sich auf andere Weise ein. Ganz wichtig: Ziehen Sie beide am selben Strang.

Finanzen – das leidige Thema Geld

Zweifellos sind Kinder etwas Wunderbares und sie beim Aufwachsen zu begleiten, ist unvergleichlich schön. Dennoch müssen Sie als Eltern ziemlich tief in die Tasche greifen, bis Ihr Nachwuchs mal auf eigenen Beinen steht. Mit Kindern brauchen Sie definitiv deutlich mehr Geld als vorher. Mehr arbeiten ist aber nicht machbar, denn das Kind benötigt schließlich Betreuung und Zeit. Was also tun? Glücklicherweise gibt es vom Staat einiges an Unterstützung für junge Eltern und es lässt sich auch hier und da eine Menge Geld sparen.

338. Organisieren

Mit der Geburt zeigt es sich nach und nach: Die Finanzen werden knapper. Führen Sie am besten ein Haushaltsbuch, sodass Sie die Übersicht über die Aufgaben nicht verlieren. Es zeigt Ihnen genau, wie viel Geld Sie monatlich zur Verfügung haben und wo eventuell Einsparpotenzial besteht. Im Haushaltsbuch werden Einnahmen und Ausgaben übersichtlich aufgelistet und gegeneinander gerechnet. Schnell bekommen Sie einen Überblick darüber, wieviel Geld kommt und wieviel geht.

339. Sparplan anlegen

Es ist nie verkehrt, ein kleines finanzielles Polster aufzubauen, was dann zum Einsatz kommen kann, wenn der Nachwuchs studiert oder in die eigenen vier Wände zieht. Über die Art der Anlage müssen Sie sich individuell klar werden. Wenn das Geld möglicherweise kurzfristig benötigt wird, dann sollte es schnell verfügbar sein. Langfristig hingegen sollen Sie nur Gelder anlegen, die Sie nicht benötigen und auch nur dann, wenn die Zinsen gut sind. Es gibt von Versicherungsgesellschaften Sparmodelle, bei denen nicht nur die Eltern, sondern auch weitere Bekannte ganz einfach mitsparen können.

Wählen Sie eine sichere Sparform, machen Sie damit nicht so viele Gewinne, sind aber auf der sicheren Seite. Bei riskanten Geldanlagen hingegen können Sie viel Geld gewinnen, aber auch verlieren.

340. Outsourcen ist angesagt!

Alles, was Sie nicht zwingend selbst machen müssen, sollten Sie jemand anderem übertragen, wenn möglich. Das ist kein Zeichen von Schwäche, sondern eine gute Entscheidung in Hinsicht auf Ihre Work-Life-Balance. Das können zum Beispiel Dinge sein wie das Einstellen einer Putzfrau oder die Gartenarbeit, lästige Bügelwäsche oder das Einkaufen jemand anderem zu überlassen. Überlegen Sie sich gut, was Sie sich selbst zumuten können und wo Sie eventuell Unterstützung von anderen gebrauchen können. Ob bezahlt oder unbezahlt, ist eine andere Frage. Oftmals können sich Eltern, die in der Nähe wohnen, auch prima gegenseitig unterstützen.

341. Vorbereiten ist das A und O

Eine gute Vorbereitung ist mit Kind alles! Planen Sie im Voraus und erledigen Sie wichtige Dinge vorausschauend. So könnten Sie zum Beispiel einen Kochabend in der Woche veranstalten, einiges einfrieren oder MealPrep betreiben. Das bedeutet nichts anderes, als das Essen für die Woche sinnvoll vorzubereiten. Erstellen Sie sich rechtzeitig Wochenpläne für die Einkäufe und zum Kochen, sodass Sie nicht jeden Tag vor dem Kühlschrank stehen und völlig ahnungslos sind, welches Essen auf dem Tisch stehen soll. Auch beim Einkaufen sollten Sie ausreichende Mengen kaufen, sodass Sie im Idealfall pro Woche nur noch ein- oder zwei- anstatt fünfmal zum Einkaufen gehen müssen. Das spart viel Zeit und Nerven!

Wichtiges zum Thema Kita und Kinderbetreuung

Das Thema Kita und Kindergarten ist für alle Eltern ein großes Thema. Wohl jeder hat schon mal Storys gehört von Eltern, die ihren Nachwuchs morgens völlig gestresst vor der Arbeit kilometerweit durch den Stau ans andere Ende der Stadt transportieren müssen. Und schon fängt der Tag mit Stress an. Planen Sie also besser rechtzeitig, um solche Probleme zu vermeiden.

342. Wann suchen? So früh wie möglich!

Wenn das Baby erst mal geboren ist, ist es definitiv zu spät, um sich für einen Kitaplatz zu bewerben. Sie sollten also in jedem Fall schon vor der Geburt mit der Suche beginnen. Sie können sich bei der bevorzugten Kita auf die Warteliste setzen lassen. Ansonsten müssen Sie damit rechnen, einen Kitaplatz zu bekommen, der sich am ganz anderen Ende der Stadt befindet. Keine reizvolle Vorstellung. Einige Kitas bieten eine Besichtigung an, sodass Sie sich vor Ort ein Bild machen können. Ein persönliches Beratungsgespräch ist aber sicher die bessere Variante als ein Besichtigungstermin, zu dem Massen an Interessenten kommen.

343. Kita-Gutscheine

In einigen deutschen Städten gibt es Kita-Gutscheine, mit denen Eltern Anspruch haben auf einen Betreuungsplatz in einer Kindertagesstätte. Damit soll eine individuelle und bedarfsgerechte Betreuung von Kindern gewährleistet werden. Bevor Sie Ihr Kind an einer Kita anmelden können, müssen Sie beim zuständigen Jugendamt zuerst den Gutschein beantragen. Er kann dann bei einer Einrichtung nach Wahl eingelöst werden, aber nur, wenn auch ein Platz angeboten wird. Angeboten wird der Kita-Gutschein unter anderem in Hamburg, Berlin, Mannheim und Erfurt, aber leider noch nicht in jeder Stadt.

344. Tagesmutter

Ist eine Tagesmutter vielleicht die bessere Wahl? Warum auch nicht? Fest steht: Beide Varianten haben Vor- und Nachteile. Sie sollten bei der Wahl darauf achten, dass die Tagesmutter eine persönliche Eignung mitbringt und auch vorweisen kann. Sie muss ein Führungszeugnis zum Kinder- und Jugendschutz vorlegen und geeignete Räumlichkeiten fürs Spielen und Schlafen bereitstellen. In der näheren Umgebung muss es Raum in der Natur geben, sodass auch mal im Freien gespielt werden kann. Das Wichtigste: Die Chemie zwischen Ihnen und der Tagesmutter muss stimmen. Eine Tagesmutter darf bis zu fünf Kinder gleichzeitig betreuen.

345. Au-pair oder Kindermädchen?

Für manche Eltern kommt vielleicht auch ein Au-pair infrage. Nur: Ist ein das auch eine dauerhafte Option der Kinderbetreuung? Je nachdem. Die Kosten für diese Art der Betreuung sind niedriger als andere. Das Kind wird im familiären Umfeld betreut. Au-pairs haben freie Kost und Logis bei der jeweiligen Familie und müssen im Gegenzug das Kind betreuen. Außerdem erhalten sie ein Taschengeld und selbstverständlich auch freie Zeiten. Im Haushalt müssen sie ebenfalls kleine Aufgaben übernehmen. Das alles aber nur für einen bestimmten Zeitraum, sodass irgendwann ein Austausch stattfindet. Der Gast wird in die Familie integriert, das Kind kann ein Vertrauensverhältnis aufbauen. Allerdings hat es dann mit Gleichaltrigen weniger Kontakt als bei der Tagesmutter oder der Kita.

346. Glückliche Eltern, glückliche Kinder

Bedenken Sie: Ihr Kind wird dann am ehesten glücklich und zufrieden sein, wenn Sie es auch sind. Im Gegenzug spürt es das Kind auch, wenn Eltern mit einer Lösung nicht zufrieden sind, wenn die Auswahl der Kita nur halbherzig ist oder wenn sie eigentlich mit der Tagesmutter gar nicht zufrieden sind. Kinder haben dafür sogar ganz feine Antennen. Nur wenn Sie zufrieden sind mit der Situation, wird es Ihr Kind auch sein.

Wichtige Bürokratie

In Deutschland bleibt es natürlich nicht aus, dass, wenn ein Baby geboren wird, auf die Eltern eine ganze Menge an Bürokratie zukommt. Was ist zu tun, was muss man wo beantragen, welche Fördergelder stehen unter welchen Voraussetzungen wem zu? Ein wenig Licht ins Dunkel bringen nachfolgende Tipps und QR-Codes von Hilfsplattformen. Dieser Link hier stellt fürs Erste eine gute und grobe Übersicht dar.

347. Elterngeld Service

Eltern von Säuglingen und Kleinkindern erhalten Elterngeld.

Nur: Wie stellt man ihn denn nun, den perfekten Antrag auf Elterngeld? Auf dieser Seite hier finden Sie hilfreiche Tipps rund um den Antrag und das korrekte Ausfüllen.

Unter diesem Link erhalten Sie eine interessante Broschüre, die Ihnen die wichtigsten Fragen in Sachen Elterngeld beantwortet.

348. Elternzeit

Beide Elternteile haben Anspruch auf Elternzeit, die bis zu drei Jahre lang dazu dient, Baby zu betreuen und zu erziehen. Wer nicht berufstätig ist, bekommt in dieser Zeit keinen Lohn, arbeiten muss man während der Elternzeit nicht. Wie sie genau beantragt und aufgeteilt wird, sollte man wissen.

Über die Elternzeit sind hier alle wichtigen Fragen und Daten zusammengetragen.

Außerdem finden Sie Informationen auf der jeweiligen Homepage Ihres Bundeslandes oder Ihrer Stadt.

349. Geburtsurkunde

Die Geburtsurkunde beantragen Sie beim Standesamt des Geburtsortes. Sie können dies sowohl schriftlich als auch mündlich beantragen. Im letzten Fall sollten Sie beim Standesamt klären, wie Ihnen die Urkunde zugestellt wird und wie Sie diese bezahlen können.

Als erforderliche Unterlagen brauchen Sie Ihren Personalausweis oder Reisepass, alternativ eine Vollmacht einer berechtigten Person und deren Ausweis.

Erkundigen Sie sich am besten auf der Homepage des entsprechenden Ortes oder des jeweiligen Bundeslandes.

350. Kindergeld

Auch das Kindergeld muss rechtzeitig beantragt werden. Die wichtigen Informationen rund um diese Unterstützung vom Staat finden Sie hier

Witzige Ideen für das erste Jahr

Das erste Jahr mit Baby geht einfach viel zu schnell herum. Bis Sie sich als kleine Familie aneinander gewöhnt haben, dauert es eine ganze Weile, außerdem haben Sie den Kopf so voll und so viel zu tun, dass das erst recht dazu beiträgt, dass die Zeit wie im Fluge vergeht. Damit Ihnen an diese wunderbaren ersten Wochen und Monate kostbare Erinnerungen bleiben, gibt es eine Menge Tipps und Anregungen, die über das normale Fotomachen hinausgehen.

351. Monatsfotos machen

Das Baby wächst im ersten Jahr rasant. Besonders deutlich wird das, wenn Sie Monatsfotos machen, und zwar immer am Anfang des Monats an einer ganz bestimmten Stelle. Legen Sie Ihr Baby beispielsweise auf die Couch oder auf die Krabbeldecke und machen Sie ein Erinnerungsfoto, mindestens während der ersten ersten Monate.

352. Vater-Kind-T-Shirt kaufen

Lassen Sie sich ein Vater-Kind-T-Shirt drucken – das ist eine ganz persönliche und schöne Erinnerung an die erste Zeit. Egal, ob Vater-und-Sohn oder Vater-und-Tochter-Shirt – mit individuellem Design wird das T-Shirt ein echtes Lieblingsstück. Übrigens auch als Geschenk für Oma oder Opa zu empfehlen!

353. Wischmopp-Strampler

Wenn Babys anfangen zu robben, hat man das Gefühl, sie würden den Boden putzen, weil einfach alles am Strampler hängen bleibt. Eigentlich ist es naheliegend, sich diese Tatsache zunutze zu machen, oder? Ein Wischmopp-Strampler für Babys ab sechs Monaten ist mit Nicki- oder Mikrofasergewebe ausgestattet, so dass das Baby, wenn es über den Boden robbt, gleich den Fußboden wischt. Außerdem wird aufgrund des samtweichen Materials das Rutschen vereinfacht. Allerdings geht das natürlich nur auf glatten Böden und nicht auf Teppich.

354. Bild mit Ihnen und Ihrem Baby

Machen Sie von sich und Ihrem Nachwuchs ein Bild und vergraben Sie dieses irgendwo zusammen mit einer Tageszeitung vom Tag der Geburt. Zum 18. Geburtstag ziehen Sie dann beide gemeinsam los und buddeln diese wunderschöne Erinnerung wieder aus. Was für ein tolles Geschenk, oder?

355. Babyrassel basteln mit PET Flasche

Wenn das Baby greifen kann, also etwa mit drei bis vier Monaten, werden alle Arten von Rasseln interessant. Es muss nicht zwingend eine gekaufte Rassel sein. Mit einer kleinen PET-Flasche (Inhalt 0,33 Liter) können Sie supereinfach eine interessante Rassel selbst bauen. Spülen Sie Flasche aus und füllen Sie Reis, trockene Erbsen oder Ähnliches hinein. Den Deckel schrauben Sie gut zu. Das ist nicht nur interessant zum Anhören, sondern auch zum Anschauen, da die Flasche ja durchsichtig ist.

356. Do-it-yourself-Fingerfarbe

Fingerfarben müssen Sie noch nicht einmal teuer kaufen, sondern können sie ganz einfach selber machen. Sie brauchen dafür nur 100 ml Wasser, 4 Esslöffel Mehl und Lebensmittelfarben nach Wahl. Die Zutaten vermischen, fertig ist die Fingerfarbe, mit der der Nachwuchs so richtig schön panschen kann. Für die Großeltern lassen sich damit richtig tolle Geschenke gestalten – zum Beispiel mit einem Hand- oder einem Fußabdruck vom Baby.

Hilfreiche Verbände und Webseiten

Kontaktadressen gibt es wie Sand am Meer. Bloß: Wie finde ich die auf die Schnelle? Wir haben hier ein paar wichtige Kontaktdaten für Sie zusammengestellt, zumindest eine kleine Vorauswahl, die Ihnen womöglich im Fall der Fälle weiterhilft.

357. Alleinerziehende

Für Alleinerziehende ist es gar nicht so einfach, sich zu orientieren: Welche rechtlichen Ansprüche bestehen, worauf muss geachtet werden? Bei der Caritas gibt es eine Broschüre, die über die wichtigsten Fragen aufklärt. Ebenfalls zahlreiche Tipps und Informationen bietet diese Broschüre:

Außerdem können sich Alleinerziehende immer an ihren zuständigen Landkreis wenden, auch hier gibt es gute Angebote und Hilfen.

358. Schwangerschaft, Partner- und Familienbetreuung

Beratung für Familien während der Schwangerschaft gibt es unter anderem bei der Caritas und bei Pro Familia:
Darüber hinaus finden Sie hier wichtige Adressen zum Thema Familienbildung und Familienberatung. Sollten Sie nicht weiterkommen, wenden Sie sich an Ihre Gemeinde oder Stadtverwaltung für weitere Adressen.

359. Rechtliche Fragen, Unterstützung in behördlichen Fragen

Zum einen gibt es zum Thema rechtliche und behördliche Fragen immer den Ansprechpartner Gemeinde oder Stadt. Weitergehende Infos finden Sie aber auch hier:

360. Babyschwimmen

Babyschwimmen ist schon für die ganz Kleinen ein Riesenspaß. Wo genau Babyschwimmen angeboten wird, das bringen Sie entweder bei den Schwimmbädern in Ihrer Nähe in Erfahrung oder über diese Seite

361. Ernährung und Stillen

Die erste Ansprechpartnerin, wenn es um das Thema Stillen geht, ist die Hebamme. Wenn es Probleme gibt und die Nachsorge-Zeit der Hebamme vorbei ist, kann auch eine Stillberaterin gefragt werden.

Adressen von Stillberaterinnen gibt es bei der La Leche Liga oder bei der Arbeitsgemeinschaft freier Stillgruppen.

In Bezug auf die Ernährung gibt es bei der Deutschen Gesellschaft für Ernährung Informationen: www.dge.de oder, wenn es etwas individueller sein darf, beim Ernährungsberater.

362. Adressen zu SIDS

Ein paar Fakten rund um den gefürchteten plötzlichen Säuglingstod haben wir bereits angesprochen. Wichtige Informationen rund um SIDS finden Sie auf der Homepage: Gemeinsame Elterninitiative Plötzlicher Säuglingstod, kurz: GEPS.

363. Adressen für Schreibabys

Falls Sie ein Schreibaby haben oder nicht mehr ein und aus wissen, weil Ihr Baby einfach nicht aufhört zu schreien, dann ist guter Rat teuer. Hilfe bekommen Sie zum Beispiel bei Ihrer Hebamme, Ihrem Kinderarzt oder bei einer Babysprechstunde oder einer Schreiambulanz. Angeboten werden diese unter anderem von Kliniken, Vereinen, Praxen oder Beratungsstellen. In jeder Stadt gibt es solche Sprechstunden und Schreiambulanzen, die Sie besuchen können und die Ihnen eine Hilfestellung geben.

364. PEKIP

Vielleicht haben Sie ja auch Lust, mit Ihrem Baby einen PEKIP-Kurs zu besuchen? Bei PEKIP handelt es sich um das Prager Eltern-Kind-Programm, eine Art Gruppenarbeit für Eltern mit Kindern im ersten Lebensjahr. Es geht hier vor allem um Anregungen, mit dem Baby zu spielen, zur Bewegung und zur Förderung während des ersten Jahres. PEKIP-Gruppen werden von Volkshochschulen und Familienbildungsstätten sowie von Elternschulen angeboten, Adressen finden Sie hier:

365. Wellcome

Bei Wellcome handelt es sich um ein Spezialunternehmen für Kinder, was auf Franchising basiert. Es werden für Familien Hilfsangebote entwickelt und an rund 230 Standorten in Deutschland werden durch ehrenamtliche Helfer Familien im ersten Jahr nach der Geburt unterstützt.

Wenn Sie also Hilfe suchen, dann finden Sie in Ihrer Nähe bestimmt auch einen Wellcome Ansprechpartner. Für Familien in Not gibt es sogar Spendenfonds. Der Hintergedanke dabei: Kindern geht es nur dann gut, wenn es Eltern auch gut geht. Die Hilfe, die Betroffene bekommen, ist lebensnah und praktisch.

Schlussworte

Endlich Papa und jetzt? Ein Fazit

Nach Lektüre dieses Buches sollten Sie eigentlich bereit sein für das letzte große Abenteuer: ein Baby. Sicherlich lassen sich nicht alle Probleme einfach so lösen, daher betrachten Sie diesen Ratgeber nur als Anhaltspunkt, als Anregung, der nicht mit erhobenem Zeigefinger sagen soll, wo es lang geht, sondern der Tipps beinhaltet, die Ihnen vielleicht – hoffentlich – weiterhelfen können. Wir alle sind Individuen, daher gibt es für Eltern und Babys keinen Fahrplan und keine Bedienungsanleitung. Alles kann, nichts muss. Alles andere ergibt sich!

Lassen Sie sich darauf ein, Sie werden sehen, wie schnell Sie in Ihre neue Aufgabe als Papa hineinwachsen werden. Es steht Ihnen eine unbeschreiblich schöne und eine unwiederbringliche Zeit bevor – machen Sie das Beste draus.

Dankeschön

Zunächst einmal ein großes Dankeschön an alle, die an dem Buch mitgearbeitet haben!

Natürlich auch an Sie liebe(r) LeserIn, dass Sie sich für unser Buch entschieden haben. Wir hoffen, das Buch hat Ihnen wertvolle Tipps liefern können, und wird Ihnen bei Ihrem neuen Lebensabschnitt helfen. Das würde uns freuen!

Hat Ihnen das Buch gefallen und hat es Ihnen geholfen? Dann teilen Sie gerne Ihre Erfahrung mit anderen Interessenten und Lesern in Form einer **Rezension auf Amazon** mit. Das würde uns sehr freuen. Wir danke Ihnen sehr!

Gerne können Sie uns auch eine E-Mail senden, falls Sie mögliche Fehler oder Ähnliches entdeckt haben, sodass diese Fehler natürlich schnellstens behoben werden können. Verbesserungsvorschläge sind immer gut.

Erreichen können Sie uns unter folgender E-Mail-Adresse:

info@tj-verlag.de

Vielen Dank und viel Spaß beim Papa sein!

Impressum

Originalausgabe

Erste Auflage 2022

Herausgeber:
Timo Jäger
Hachmannweg 6
33104 Paderborn
info@tj-verlag.de

ISBN Taschenbuch: 978-3-00-072003-1
ISBN Hardcover: 979-8-44-839630-4

Name Verlag : Parentes Verlag

Satz und Layout: Danileoart
www.danileoart.com

Umschlaggestaltung: Sprudelkopf Design – Jasmin Raif,
www.sprudelkoepfe.com

Umschlagmotiv: iStockphoto/©dusanpetkovic

Printed in Poland
by Amazon Fulfillment
Poland Sp. z o.o., Wrocław

12034530R00092